MAYA ONKEN

Beziehungsstatus unzufrieden

MAYA
ONKEN

Beziehungs-
status
unzufrieden

DU HAST DIE WAHL,
DEIN LIEBESLEBEN
SO ZU GESTALTEN,
WIE ES DIR ENTSPRICHT

KÖSEL

Alle im Buch vorkommenden Personen wurden zur Wahrung des Persönlichkeitsrechts verfremdet. Jede Ähnlichkeit mit lebenden oder toten Personen ist rein zufällig und in keiner Weise beabsichtigt.

Alle Behandlungsvorschläge, Hinweise, Ratschläge und Übungen in diesem Buch sind von der Autorin sorgfältig geprüft worden. Sie ersetzen jedoch keine ärztliche Abklärung. Im Zweifelsfall müssen für eine korrekte Diagnose und entsprechende Behandlung stets Ärzt*innen oder Therapeut*innen aufgesucht werden. Eine Haftung vonseiten der Autorin oder des Verlags wird ausdrücklich ausgeschlossen.

FSC
www.fsc.org
MIX
Papier | Fördert gute Waldnutzung
FSC® C083411

Penguin Random House Verlagsgruppe FSC® N001967

Umschlaggestaltung: FAVORITBUERO, München
Umschlagmotiv: TWINS DESIGN STUDIO / Shutterstock.com
Redaktion: Birthe Vogelmann, München
Vignetten: © stock.adobe.com (teilweise gestalterische Anpassung durch PRHVG): Die Abenteurerin (A), Die Bewahrerin (C), Die Autonome (D), Du hast die Wahl (TWINS DESIGN STUDIO); Die Fürsorgerin (B) (Vadim); Systemische Verschränkung (ilyakalinin); Übung (Lunaraa); Die Betrogene, Die Geliebte, Die Seitenspringerin, Die Stagnierende (Icons-Studio)
Satz: Satzwerk Huber, Germering
Druck und Bindung: CPI books GmbH, Leck
Printed in Germany
ISBN 978-3-466-34815-2

www.koesel.de

INHALT

DIE VIGNETTEN UND IHRE BEDEUTUNG

Fliehkraft – Die Abenteurerin (A)

Schwerkraft – Die Bewahrerin (C)

Fremdumkreisung – Die Fürsorgerin (B)

Eigenumkreisung – Die Autonome (D)

Systemische Verschränkung

Du hast die Wahl

Übung

Die Betrogene

Die Geliebte

Die Seitenspringerin

Die Stagnierende

CHECK: LOHNT SICH DAS BUCH FÜR DICH?

Single, verliebt, verlobt, verheiratet, geschieden – egal. Du hast einen Beziehungsstatus, das ist klar. Und wie bewertest du ihn? Falls du ihn als glücklich, happy und zufrieden beschreibst, dann verschenk das Buch an eine Freundin, die sich nicht so fühlt. Es geht hier darum, ob du deine Art und Weise, durch dein Liebes- und Beziehungsleben zu gehen, als unzufrieden, als ungenügend, als veränderungswürdig betrachtest. Wenn du eine der folgenden vier Fragen mit Ja beantworten kannst, lies anschließend weiter.

1. Bist du total gehetzt und lügst, dass sich die Balken biegen, da du nebst deinem offiziellen Leben die eine oder andere Affäre organisierst und administrierst?
2. Bist du betrogen worden und heulst dir gerade die Augen aus, fühlst du dich belogen, verletzt, hintergangen, gedemütigt, sodass du es geradezu körperlich spüren kannst?
3. Bist du permanent dabei, zu warten und zu hoffen, da du die Geliebte eines verheirateten Mannes bist?
4. Sitzt du in einer Beziehung oder als Single fest und findest dein Leben sinnlos und langweilig?

Das Buch ist eine Einladung zur Selbstreflexion. Es soll dich inspirieren, über deinen Beziehungsstatus nachzudenken und dich unter die Lupe zu nehmen. Es ist mir wichtig, dass du dich dabei besser kennenlernst. Denn du hast stets die Wahl, dein Liebesleben so zu gestalten, wie es dir entspricht.

EINLEITUNG
Das Elixier des Buches

Du hast die Wahl, dein Liebesleben so zu gestalten, wie es dir entspricht. Dazu möchte ich dir Mut machen. Du bekommst in diesem Buch einiges an Inspiration, damit du dich und andere besser verstehen kannst. Das ist bereits der erste Schritt in die Veränderung. Denn du trägst alles, was du dazu brauchst, in dir. Ich möchte dir aufzeigen, wie du die Kraft dafür aktivieren und nutzen kannst. Ich möchte dich bestärken, den Kopf nicht hängen zu lassen. Du musst keinesfalls das Gefühl haben, dass du für immer und ewig gefangen in deinem Beziehungsstatus auszuharren hast. Es gibt Wahl- und Veränderungsmöglichkeiten!

Und lass dir vorweg eines gesagt sein: *Du bist zwar unzufrieden, aber nicht allein.*

Das Buch richtet sich an Frauen. Verzeih mir, wenn ich einfachheitshalber die klassische Beziehungsform wähle und daher den Fall beschreibe, dass du klassischerweise eine Frau bist und dass der Beziehungsstatus unzufrieden einen Mann betrifft. Alle anderen Formen und Möglichkeiten (LGBTIQA+) sind natürlich ebenso gemeint, aber nicht eigens erwähnt.

Und: Das ist kein Trennungsbuch oder Ratgeber dafür, wie man Beziehungen auflöst. Es ist ein Buch, das dich immer wieder darauf hinweist, dass du Handlungs- und Gestaltungsoptionen hast. Zu jeder Zeit.

BEZIEHUNGSSTATUS UNZUFRIEDEN

Status meint den Zustand, in dem du dich befindest. Egal, ob du verheiratet, getrennt, geschieden oder Single bist, in einer festen, losen oder On-off-Beziehung, egal, ob du betrügst, loyal liebst, stets hoffst oder häufig fantasierst, es geht darum: Bist du mit dieser Form zufrieden?

Darf ich vorstellen: Amanda, Franzi, Leonie, Gertrud und Judith führen dich durch das Buch. Sie sind alle frei erfunden – und krass! Um ihre Vorlieben aufzuzeigen, habe ich sie überzeichnet, das macht sie so lebendig und liebenswert. Du selbst bist keineswegs eine ganze Amanda oder eine ganze Judith, nein, aber sicherlich ist dir die eine sympathischer und vertrauter als die andere. Anhand dieser Frauentypen kannst du dich einer Grundenergie zuordnen und bereits sehr viel über dich verstehen.

Eine Typologie ist wie ein Orientteppich. Ich arbeite in dem Buch mit vier Typen, die vier Kräfte in sich haben und je eine dazu passende Angst. Aber Achtung. Eine Typologie ist wie ein Orientteppich. Von vorne betrachtet siehst du ein tolles Muster. Das ist der Vorteil einer Typologie: Sie zeigt das Grundmuster und die Farbkombination im Schwerpunkt auf. Damit beschreiben wir eine Grundenergie im Menschen, eine Lieblingstendenz, sich so und so zu verhalten, so und so zu denken und zu fühlen. Es vereinfacht den Menschen auf etwas Erkennbares.

Hast du mal einen Orientteppich von hinten angesehen? Da herrscht ein Gewusel! All die Fäden verknüpfen sich kreuz und quer mit anderen. Würdest du einen der Knoten aufschneiden, wäre auch vorne in Kürze ein Schaden, ein Loch sichtbar. Und genau so werde ich im Buch arbeiten: Ich zeige dir die Vorderseite (»Ah, du trägst die Fliehkraft in dir und bist der Typ Abenteurerin«), und dann kehren wir den Teppich um und schauen uns die Rückseite an. (»Ah, das alles ist auch noch möglich!«) All diese anderen Fäden sind deine Ressourcen, etwas in deinem Leben zu verändern. Es ist die Chance, dass wir nicht einfach ein Muster sind, sondern viele Möglichkeiten in uns tragen, und dass wir all die anderen Typen und Energien irgendwo auch schon kennengelernt und gelebt haben. Die Hinterseite des Teppichs nennt sich in der Fachsprache auch »systemische Verknüpfungen«.[1]

Genauso verhält es sich mit diesem Buch. Wir schauen uns bei jedem Schritt beide Seiten an: das Muster und die Typologie von der Vorderseite und die systemischen Verknüpfungen von der Rückseite des Orientteppichs.

LIES DIESES BUCH WIE PIPPI LANGSTRUMPF: WIE ES DIR GEFÄLLT!

Wie liest du das Buch? Quer, punktuell, sprunghaft, ganz nach Lust und Laune. Du kannst dir eine Frau heraussuchen und die Kapitel zu ihr lesen. Bereichernder ist es natürlich, alle Frauentypen kennenzulernen, denn wahrscheinlich steckt von jeder etwas in dir und deinen Freundinnen und Bekannten. Du kannst dir die Fragen am Ende jedes Kapitels zu Herzen nehmen oder auch nur mit den Affirmationen arbeiten. Oder du suchst dir die Übungen heraus und machst die. Wie gesagt: Du bist frei, zu wählen!

Ein Tipp von mir: Arbeite schriftlich! Schreib dir die Antworten auf die Fragen und Übungen auf (z. B. in ein Heft), damit du eine zusätzliche Tür aufstößt: diejenige zum Unbewussten. Dort schlafen die meisten Weisheiten, Lösungen und Erkenntnisse. Weck sie auf, hol sie in dein Bewusstes und nutze sie für die Wahl, jederzeit etwas zu verändern.

Aufbau des Buches

Im ersten Teil erzähle ich dir anhand von Geschichten verschiedener Frauen die vier Varianten des unzufriedenen Beziehungsstatus. Als Orientierungshilfe dienen die Typologien angelehnt an Fritz Riemann,[2] und anhand des Cremeschnitten- und Männertests erhältst du bereits eine erste Einschätzung von dir. Das wird dich darin unterstützen, viel über dich zu begreifen und mehr Verständnis für Ungereimtheiten im Beziehungsstatus zu entwickeln.

Im zweiten Teil analysieren wir diese Frauentypen anhand der Psychologie und der Systemtheorie. Impulse, Tests, Übungen und Fragen inspirieren dich zur eigenen Reflexion. Anhand verschiedener Übungen kommst du dir selbst besser auf die Spur und kreierst neue Ideen. Die brauchst du, damit du die Wahlfreiheit, deinen Beziehungsstatus anzupassen, genießen kannst. Du dringst also tiefer in dich und deine Wünsche, aber auch deine Ängste ein und kannst nun auch nachvollziehen, warum dein Beziehungsstatus aktuell nicht optimal ist.

Im dritten Teil geht es um die Gretchenfrage: Du hast die Wahl – aber wie geht das? Ich zeige dir verschiedene Optionen auf, wie das Entscheiden leichtfällt und wie du mit den Auswirkungen umgehen könntest. Du kannst dich ermächtigen, etwas zu verändern. Am Ende des Buches findest du die Tools dafür.

Wenn ich an meinen Beziehungsstatus denke, dann passt Folgendes:

(Kreuze an, wenn du innerlich dabei nickst.)

- ☐ Ich stecke fest und habe keine Chance, das zu ändern.
- ☐ Ich habe Angst, die aktuelle Situation anzugehen – wer weiß, welche schlafenden Hunde ich wecken werde.
- ☐ Ich bin verzweifelt und fühle mich machtlos.
- ☐ Ich bin weit davon entfernt, frei zu fliegen und mein Leben in die eigenen Hände zu nehmen.
- ☐ Mein Leben wird fremdbestimmt, ich habe keine Chance.
- ☐ Die Liebe zu meinen Kindern bindet mich an meine Situation.
- ☐ Mein Beruf, mein Status, mein Beziehungsgrad, meine Rollen zwingen mich in ein Korsett, in dem ich nicht atmen kann.
- ☐ Ich fühle mich eingeengt und fliehe in Ablenkungsmanöver (Arbeit, Affären, Wohltätigkeit etc.).
- ☐ Ich habe keine Ahnung, wie ich meine Situation verändern könnte.
- ☐ Ein Satz, der immer wirkt, wenn ich unzufrieden und frustriert bin: Anderen Frauen geht es noch schlechter.
- ☐ Ich frage mich dauernd, ob ich alles so lassen soll, wie es ist, oder ob ich es verändern will; das Hin und Her macht mich fertig.
- ☐ Alles, was ich denke, landet beim Satz: Du hast keine Wahl, da musst du durch.

- ☐ Ich fühle eine Ohnmacht, nicht fähig zu sein, selbst einen Ausweg zu finden; ich fühle, dass eine Veränderung auch Verluste mit sich bringt, darum lasse ich es.
- ☐ Ich habe Angst vor den Auswirkungen einer Entscheidung.
- ☐ Mir ist unwohl dabei, was die anderen von mir denken, wenn ich etwas verändere.
- ☐ Ich weiß nicht, wie ich meinem Umfeld und mir selbst erklären kann, dass ich über Jahre in einer unzufriedenen Beziehung ausgeharrt habe.
- ☐ Ich fürchte mich vor Scham und Schande und entscheide mich für den Status quo.
- ☐ Ich habe Angst davor, dass sich meine Kinder von mir abwenden.
- ☐ Ich werde von meinem Leben gelebt und lebe nicht mein Leben.

Konntest du innerlich ab und zu mal nicken? Erkennst du dich? Dann ist es höchste Zeit für dieses Buch! Denn du bist nicht auf der Welt, um dir selbst dabei zuzusehen, wie dein Leben an dir vorbeizieht und du dabei eine Nebenrolle spielst oder nur für den Regisseur den Kaffee kochst! Nimm dein Lebensskript selbst in die Hand, bestimme den Film, der gedreht werden soll, und schreibe dein eigenes Happy End. Dazu wirst du in dem Buch Inspirationen finden.

Du hast die Wahl!

Nämlich die, dieses Buch so zu lesen, dass *du* einen Mehrwert davon hast. Es ist dir wahrscheinlich klar, dass dieses Buch nicht alle deine Knoten lösen kann, aber es kann dich animieren, das eine oder andere anzugehen. Vor allem wirst du dich und andere deutlich besser verstehen können.

Fragen an dich

(am besten startest du nun hier deine schriftliche Beantwortung)

- Was soll in diesem Buch vorkommen, damit du es nicht zu Seite legst?
- Wenn du die letzte Seite des Buches gelesen hast, was soll sich dann bei dir ändern?
- Woran würdest du erkennen, dass dieses Buch einen Mehrwert für dich hat?

Affirmation

Du bist frei, zu wählen. Du triffst gemäß dem Münchner Hirnforscher Ernst Pöppel am Tag ungefähr 20 000-mal eine Entscheidung.[3] Du hat also 20 000-mal pro Tag die Wahl. Die du triffst! Gratuliere dir dazu, dass du eine Frau mit Tausenden von Wahlmöglichkeiten bist und dass du diese mit Erfolg realisierst!

Ich freue mich, dich auf der nächsten Seite wiederzusehen.

Deine Maya

TEIL 1
Vier Varianten für Beziehungsstatus unzufrieden

WARUM WIR NICHT EINFACH EIN TYP SIND – UMGANG MIT TESTS UND TYPOLOGIEN

Du bist eine Frau, die sich im Leben in verschiedenen Umgebungen bewegt. So hast du vielleicht eine Heimatfamilie (Mann und Kind(er)), eine Ursprungsfamilie (Mutter, Vater, ggf. Geschwister), du hast eventuell einen Beruf und bewegst dich somit in einem Arbeitskontext. Du hast vielleicht auch Freunde und Hobbys, du bist in einem Verein oder in der Kirche oder in einem Club. Jede Umgebung ist ein sogenanntes *System*. Du bist in diesem System verbunden mit den anderen Personen und den Wertvorstellungen und Normen, die dort herrschen. So hast du zum Beispiel in deiner Ursprungsfamilie gelernt, bescheiden zu sein. Das hast du auch in deine selbst gegründete Familie als Wert eingebracht. Nun wirst du in deiner Arbeit befördert, und man erwartet von dir, als Führungskraft stolz und autoritär aufzutreten. In dem Arbeitssystem herrschen andere Werte und Normen. Das kann zu Konflikten führen. Du bist in jedem System mit einem unsichtbaren Faden mit den anderen wichtigen Spieler/innen darin verbunden. Wenn sich dein Kind am Morgen übergibt, dann hat das Auswirkungen. Zum Beispiel gibt es Streit mit deinem Mann, der sich darum nicht kümmern mag. Es hat Konsequenzen bei der Arbeit, weil du anrufst und sagst, dass es später wird. Es hat einen Effekt auf deine Eltern oder deine Freundin Hilde, weil du sie darum bittest, das kranke Kind zu hüten. All deine Systeme sind miteinander verknüpft, durch dich.

Wenn du dir ein Mobile vorstellst und an einer Stelle ziehst, dann fängt das ganze Mobile an zu schwingen. Das sind die Auswirkungen der unsichtbaren Fäden. Denk auch nochmals an den Orientteppich: All die Fäden sind miteinander verknüpft. Schneidest du Knoten auf, dann wird das Folgen haben.

Was hat diese Ausführung mit dem Buch zu tun? Wenn wir versuchen, Menschen in Form von Typologien zu erfassen, dann ist das eine erste gute Grobeinschätzung nach dem Motto: Der Orientteppich ist rot, oder: Amanda ist eine Abenteurerin.

Wenn es darum geht, feinmaschig die Themen eines Menschen anzugehen, dann ist es wichtig, alle Systeme und deren Wirkkraft zu berücksichtigen. Es ist zudem wichtig, alle Ideen und Veränderungswünsche der jeweiligen Person mit der folgenden Fragestellung zu ergänzen: »Und welche Auswirkungen haben diese in den verschiedenen Systemen?« Wenn Judith aufhört, ihrem Mann das Frühstück zu machen, so hat das wohl Folgen. Wenn Leonie ihrem Geliebten mitteilt, dass sie ihn nicht mehr sehen will, hat dies Konsequenzen. Nicht nur auf ihr Privatleben, sondern allenfalls auch auf ihre Arbeitsstelle, da er ihr Chef ist.

Fragen an dich

- Notiere dir mal alle Systeme, in denen du dich vorwiegend aufhältst und die wichtig für dich sind.
- Falls du während der Lektüre dieses Buches Veränderungsideen generierst, geh immer auf diesen Eintrag zurück und frage dich: Welche Auswirkungen hat das auf diese Systeme?

DER CREMESCHNITTENTEST

Ich lade dich hier ein, spielerisch den Cremeschnittentest zu machen. Los geht's: Du bist bei einer Kollegin eingeladen, mit der du entfernt bekannt bist. Es kann sein, dass ihr zusammen campen gehen wollt. Das ist aber nicht sicher. Es sind noch andere Frauen anwesend, die du schon mal gesehen hast, die du aber ebenfalls nicht gut kennst. Es gibt Kaffee und Cremeschnitten dazu. Falls du Cremeschnitten nicht leiden kannst, ersetze sie im Folgenden einfach durch eine andere kulinarische Köstlichkeit. Kreuze im Folgenden die jeweils wahrscheinlichste Reaktion an:

Die Gastgeberin fragt dich, ob du eine Cremeschnitte möchtest.

☐ **A:** Du hast die Cremeschnitten schon lange entdeckt. Es gibt eine mit Marzipanblume als Verzierung. Die nimmst du, weil es sicher Spaß macht, zwei Arten von Süßigkeiten zu kombinieren.

- ☐ **B:** Du siehst es der Gastgeberin an, dass sie Freude an Cremeschnitten hat. Es würde sie sehr kränken, wenn du keine essen würdest. Obwohl du Cremeschnitten nicht besonders gern magst, nimmst du ihr zuliebe eine. Wenn nicht genügend da gewesen wären, dann hättest du darauf verzichtet.
- ☐ **C:** Du zögerst. Eigentlich ist halb zwei noch nicht die Zeit, zu der du Süßes isst. Aber der Mitmachzwang ist größer, deshalb nimmst du trotzdem eine Schnitte.
- ☐ **D:** Dich verwundert die Frage, ob du eine Cremeschnitte möchtest. Natürlich nimmst du eine.

Während du die Cremeschnitte isst, denkst du darüber nach, ...

- ☐ **A:** ... wie du wohl aussiehst, wenn du diese Cremeschnitte isst. Könntest du eine solche auch einmal verwenden, um jemanden zu verführen, indem du dir zum Beispiel lasziv die Vanillecreme von den Lippen schleckst? Oder ob du die Cremeschnitten auch mal deinen eigenen Gästen servierst, dann aber mit verschiedenen Eissorten dazu?
- ☐ **B:** ... ob du nicht auf dem Nachhauseweg für deine Liebsten auch noch Cremeschnitten kaufen sollst. Da du beobachtest, dass die meisten am Tisch sie genießen, könnte ihnen das ja auch eine Freude machen.
- ☐ **C:** ... ob du, wenn du nun diese Cremeschnitte isst, den Regelbruch wiedergutmachen und deshalb morgen auf Schokolade verzichten oder zusätzlich Sport treiben solltest.
- ☐ **D:** ... dass du eigentlich das Haus deiner Gastgeberin umbauen würdest, wenn es deines wäre. Die Küche könnte

viel größer sein, aber da haben wohl die Architekten geschlampt.

Nach dem ersten Bissen beginnst du eine Konversation mit der Gastgeberin:

- ☐ **A:** Du fragst sie ein wenig über ihre Reiseerfahrungen aus. Vielleicht ergeben sich noch mehr Gelegenheiten, mit ihr zu verreisen.
- ☐ **B:** Du bedankst dich nochmals für die Einladung und die Cremeschnitten. Und du sagst der Gastgeberin, dass du es mutig findest, dass sie eine Campingtour planen will.
- ☐ **C:** Du sprichst sie sofort darauf an, ob sie schon einen Plan bezüglich des Campings hat und ob sie schon über mögliche Routen, abgezählte Fahrplätze, genügend Stauraum etc. Auskunft geben kann.
- ☐ **D:** Du erzählst der Gastgeberin von deinen letzten Campingferien, was du alles nie mehr erleben möchtest und was besonders Spaß gemacht hat.

Am Abend im Bett denkst du über den Tag nach und lässt ihn vor deinem inneren Auge Revue passieren:

- ☐ **A:** Das war toll, all die neuen Leute kennenzulernen. Eine fandest du besonders nett, vielleicht kannst du mit ihr im Winter eine Skitour machen. Zum Camping gehst du sowieso mit.
- ☐ **B:** Hoffentlich war es der Gastgeberin nicht zu anstrengend mit all den Gästen. Sie hat sich solche Mühe gegeben. Du hoffst, du bist ihr und den anderen nicht unangenehm aufgefallen.

- ☐ **C:** Das hat dir heute nicht gefallen. So viele neue Leute. Cremeschnitten um halb zwei. Du bleibst bei deinem üblichen Sommerprogramm und gehst wandern. Die Route hat sich bewährt. Die Schuhe sind bereits eingelaufen. Camping ist zu neu, das ist dir zu heikel. Du wirst absagen.
- ☐ **D:** Wenn das Camping in der einen Woche stattfindet, in der du freihast, gehst du mit. Ansonsten nicht.

Zähle zusammen, wie oft du jeweils eine Antwort mit dem entsprechenden Buchstaben gegeben hast:

- ☐ A: __________
- ☐ B: __________
- ☐ C: __________
- ☐ D: __________

Lies dir die Auswertung zu demjenigen Typ durch, bei dem du am meisten Treffer hast, und überprüfe kritisch, ob du dich wiedererkennst. Wenn du dich nicht hundertprozentig zuordnen kannst, keine Sorge: Die wenigsten können das, wir decken fast alle mehrere Aspekte ab. Dazu später noch mehr.

Auswertung: Welcher Typ bist du am ehesten?

Die folgenden Erklärungen orientieren sich am Modell *Die Grundformen der Angst* von Fritz Riemann (deutscher Psychoanalytiker 1902–1979).[4] Mithilfe deines Ergebnisses aus dem Cremeschnittentest kannst du dich im Folgenden bei deinem Haupttyp einordnen und sehen, ob du auch Aspekte anderer Typen in dir trägst.

A = Die Abenteurerin

Du bist die Frau, die die Ausdehnung und die Veränderung liebt, weil du die Energie der Fliehkraft in dir trägst. Du entdeckst gern Neues, und du liebst Abenteuer. Ob Camping oder etwas anderes, du möchtest die Welt erkunden. Nicht nur die Aktivitäten sind dir wichtig, auch die Menschen sind spannend. Es macht dir Freude, wenn sich aus Bekanntschaften etwas entwickelt. Wenn Projekte entstehen und du deinen Horizont erweitern kannst. Manchmal verlierst du dich auch in der Vielfalt und kannst keine Prioritäten mehr setzen.

Für dich sind die Kapitel mit **Amanda** besonders reizvoll.

B = Die Fürsorgerin

Du liebst es, um andere zu kreisen. Dir ist es wichtig, dass es anderen gut geht. Du kannst dich prima zurücknehmen, dich einordnen, dich vielleicht sogar unterordnen. Wären nicht genug Cremeschnitten da gewesen, hättest du auf deine verzichtet. Harmonie und Zusammengehörigkeit, gutes Klima und Wertschätzung sind dir sehr wichtig. Dafür setzt du dich ein und dich selbst zurück. Wenn es den anderen wichtig ist, zu campen, gehst du mit. Ansonsten kannst du auch gut zu Hause bleiben, wenn es im Auto keinen Platz mehr gibt.

Für dich sind die Kapitel mit **Franzi** und **Judith** besonders aufschlussreich.

C = Die Bewahrerin

Du bist eine Frau, die gern die Dinge an ihrem Platz bewahrt, weil du die Energie der Schwerkraft in dir trägst. Regeln, Routine, Familie, Beständiges haben viel Wert für dich. Du fühlst dich sicher und geborgen, wenn du alle Fakten kennst, wenn du deine Abläufe beibehalten kannst. Das, was gut läuft, möchtest du nicht ändern. Es wird dir auch nicht langweilig mit den täglichen Routinen. Im Gegenteil, sie geben dir das Gefühl, dass du dich und dein Leben im Griff hast. So, wie du dein Leben zusammenhältst, sparst du auch dein Geld und bist stets pünktlich. Andere könnten dich auch mal als unflexibel, unspontan und zwanghaft beschreiben. Neue Leute, neue Projekte, neue Ideen sind dir eher ein Graus als eine Freude.

Für dich sind die Kapitel mit **Leonie** und **Judith** besonders interessant.

D = Die Autonome

Du bist eine Meisterin der Eigenumkreisung. Du hast ein wohlgeordnetes Innenleben. Du hast Struktur, fundiertes Wissen, du weißt, wer du bist und was du willst. Es macht dir keine Sorgen, was andere von dir halten. Es geht dir darum, was *du* von dir hältst. Es zählt lediglich, ob das, was von außen kommt (Cremeschnitten, Camping), sich mit deiner Weltordnung, mit deinem Wissen, mit deinen Erfahrungen kombinieren lässt. Du hast auch keine Mühe, dich zu entscheiden, denn entweder es passt zu dir oder eben nicht.

Für dich sind die Kapitel mit **Gudrun** besonders spannend.

Die Grundformen der Angst

Den unterschiedlichen Typen, die ich dir gerade vorgestellt habe, hat Fritz Riemann bestimmte Grundformen der Angst gegenübergestellt, deshalb heißt sein Werk auch so. Im Folgenden beschreibe ich, was das für dich bedeutet.

A: Die Abenteuerin hat Angst vor der Unabänderlichkeit

Du hast die Fliehkraft in dir. Du möchtest dich ausdehnen, weiterentwickeln, dich verändern, nie stehen bleiben. Deine größte Angst ist es, eingesperrt und begrenzt zu werden. Endlichkeit, Vergänglichkeit und auch der Tod sind dir ein Gräuel. Das bedeutet, dass du alles daransetzt, frei zu sein und keine Hindernisse auf deinem Lebensweg zu haben.

B: Die Fürsorgerin hat Angst vor dem Verlassenwerden

Du hast die Kraft der Fremdumkreisung in dir. Du drehst dich um den anderen. Wie die Erde um die Sonne. Du möchtest lieben und geliebt werden, das ist deine Hauptintention. Deshalb ist es deine größte Angst, verlassen zu werden und allein zu sein. Das bedeutet für dich, dass du alles daransetzt, anderen zu gefallen, und dich dabei meist selbst zurücklässt.

C: Die Bewahrerin hat Angst vor der Veränderung

Du hast die Schwerkraft in dir. Du möchtest Bestehendes bewahren, schützen, alles beim Alten belassen. Deine größte Angst sind die Veränderung, die Weiterentwicklung und die Vergänglichkeit. Das bedeutet für dich, dass du mit großer Anstrengung alles daransetzt, dass die Dinge so bleiben, wie sie sind, und sich nichts bewegt.

D: Die Autonome hat Angst vor der Hingabe

Du hast die Kraft der Eigenumkreisung in dir, du drehst dich um die eigene Achse und ruhst in dir. Damit bist du auf dich selbst bezogen. Deine größte Angst ist die Hingabe an andere und die Abhängigkeit von ihnen. Du willst die eigene Herrin im Haus sein. Da du die Autonome bist, die Wächterin der Grenzen, sind dir alle, die zu viel Nähe wollen, ein Graus. Auf diese nach

Nähe Suchenden wirkst du sehr distanziert und kühl. Das bedeutet, dass du mit Distanz und Autonomie deine Unabhängigkeit bewahren willst, auf Kosten von Nähe und Bindung.

Wie kannst du dich am besten einordnen?

Nun hast du sicher festgestellt, dass es gar nicht so einfach ist, dich einzuordnen! Das ist gut so. Denn wir sind selten einfach *eine* Person. Wie schon gesagt: **Typologien sind wie ein Orientteppich.** Genauso schauen wir uns in diesem Buch bei jedem Schritt beide Seiten an: das offensichtliche Muster vorne und die Verknüpfungen (auch systemische Verschränkungen genannt) hinten.

Wir sind also (vorne) ein Muster, ein Typ und gleichzeitig (hinten) eine Verbindung von vielen Typen und Mustern. Wir haben selten nur die *eine* Kraft in uns. Je nach System haben wir andere Schwerpunkte, und wir setzen unser Verhalten neu zusammen.

Früher ging es in der Tiefenpsychologie darum, jemanden als Typ zu erfassen, damit man ihn einordnen und bei Störungen behandeln konnte, heute sieht man das differenzierter. Nun weiß man, dass wir den Menschen systemisch betrachten müssen. Das heißt, je nach Umfeld (System) mit anderen Mitmenschen verhält er sich anders. Und das ist gut so, finde ich. Es macht jedoch eine »Problemdiagnose« nicht ganz so einfach. Denn in dem einen System kann ein Verhalten unerwünschte Auswirkungen haben, im anderen wiederum nicht. (Mehr dazu im Kapitel »Lochkarte«.)

Es kann also sein, dass du dich im Geschäftlichen nicht so schnell verwirren lässt, sondern gut bei dir und deinem Entschluss bleiben kannst (D). Dass du in der Liebe aber um deinen Partner kreist wie die Erde um die Sonne (B). Dass dir im Sport eine peinlich genau eingehaltene Routine viel Sicherheit gibt (C) und du, wenn du eine Weiterbildung machst, wissenshungrig, experimentierfreudig und offen für Neues bist (A).

Meist haben wir eine ausgeprägte Kraft in uns, die uns durch alles trägt und auf die stets Verlass ist und bei Stresssituationen den Steuerungsknüppel übernimmt (Typologie). Wir könnten aber auch die anderen Anteile holen (Rückseite des Teppichs, Systemtheorie), wenn wir sie brauchen. In der Regel sind sie uns von anderen Systemen, Settings und Situationen bekannt. Idealerweise sind wir uns dieser anderen Möglichkeiten bewusst und können sie bei Gebrauch hervorholen.

DER MÄNNERTEST

Mit dem Männertest kannst du deine Erkenntnisse aus dem Cremeschnittentest mit einem anderen System vergleichen. Bitte kreuze immer das an, das am ehesten auf dich zutrifft.

Du lernst auf einer Hochzeitsfeier einen tollen Typen kennen. Ihr habt gute Gespräche, es funkt zwischen euch. Er schreibt dir am Schluss seine Telefonnummer auf eine Serviette. Während du an diesem Abend im Bett liegst, denkst du über ihn nach:

- ☐ **A:** Wow, was für ein Typ. Du fängst an, dir verschiedene Szenarien mit ihm vorzustellen. Wie du mit ihm zu Abend isst, wie er dich anhimmelt, wie du ihn verführst, wie du ihn zu dir lockst, wie ihr Sex habt …
- ☐ **B:** Du fragst dich, ob du ihm wohl gefallen hast. Du stellst dir vor, was du ihm alles Gutes zukommen lassen könntest, wenn ihr ein Paar werden würdet.

- ☐ **C:** Du wägst innerlich die Pros und Contras ab. Du nimmst dir vor, gleich morgen nach der Frühstücksroutine diese Liste aufzuschreiben.
- ☐ **D:** Der Typ gefällt dir, du wirst das morgen gleich angehen.

Am nächsten Morgen ...

- ☐ **A:** ... gibst du seine Telefonnummer in dein Smartphone ein, wählst ein tolles, verführerisches Bild von dir aus und schickt es ihm mit der Message »Hab gerade an dich gedacht ...«
- ☐ **B:** ... gibst du seine Telefonnummer in dein Smartphone ein und schreibst ihm folgende WhatsApp-Nachricht: »Danke für den schönen Abend. Hoffentlich bis bald.«
- ☐ **C:** ... formulierst du dir eine Pro-und-Contra-Liste. Du googelst ihn. Da du nur einen Punkt findest, der deiner Meinung nach für den Mann spricht, nimmst du dir vor, die Liste am Abend nochmals zu überprüfen.
- ☐ **D:** ... gibst du seine Telefonnummer in dein Smartphone ein und schreibst ihm eine WhatsApp-Nachricht: »Hey Süßer, gut geschlafen? Lust auf ein nächstes Treffen?«

Zwei Tage später ...

- ☐ **A:** ... flirtest du auf Teufel komm raus. Dabei lässt du keinen Trick aus, ihn heiß auf dich zu machen.
- ☐ **B:** ... schaust du stündlich nach einer neuen Nachricht von ihm.
- ☐ **C:** ... hast du neue Kriterien für deine Pro-und-Contra-Liste gefunden.

☐ **D:** ... hast du bereits ein zweites Date vor und einen heißen One-Night-Stand mit dem Typen hinter dir.

Zwei Wochen später ...

☐ **A:** ... steht das erste Treffen an. Du hast ihn mit deinen Fantasien weichgekocht, er steht in Flammen. Du auch. Du bist überzeugt, das wird eine superheiße Begegnung.

☐ **B:** ... freust du dich riesig, als er zurückschreibt. Du wirfst deine Urlaubspläne über den Haufen, damit ein Treffen mit ihm möglich wird.

☐ **C:** ... hast du dich entschieden zu schreiben. Du wirst das morgen um 16 Uhr erledigen.

☐ **D:** ... hast du den Mann abserviert. Er hat sich in dich verliebt, das gefällt dir nicht.

Einen Monat später ...

☐ **A:** ... hast du eine heiße Affäre mit ihm. Er hat kein Geld und raucht, das ist dir aber egal.

☐ **B:** ... kochst du ein viergängiges Menü für ihn. Er wird am Abend kommen, und du willst ihn verwöhnen. Da er gerne Sushi isst, hast du bereits einen Schnellkurs absolviert, wie man es zubereitet.

☐ **C:** ... bereitest du dich darauf vor, ihn zu treffen. Der genaue Ablauf und Gesprächspunkte für den Abend sind in der Planung.

☐ **D:** ... hast du ihn schon vergessen.

Ein Jahr später ...

- ☐ **A:** ... genießt du die luftige Verbindung mit ihm. Ihr trefft euch häufig. Ihr wohnt zwar einige Kilometer auseinander, aber das passt dir. Du willst keine Einschränkungen.
- ☐ **B:** ... ist er bei dir eingezogen. Dafür hast du ihm extra das Gästezimmer freigeräumt. Außerdem hast du mit dem Sport aufgehört, um mehr für ihn da sein zu können. Er ist dein Lebensmittelpunkt geworden.
- ☐ **C:** ... triffst du ihn regelmäßig dienstags und samstags. Du bist dir noch unsicher, ob er dir wirklich gefällt. Er verdient wenig und hat Laster. Die würdest du ihm abgewöhnen und dafür seine Karriere starten.
- ☐ **D:** ... kannst du dich nicht mehr an ihn erinnern.

Zähle auch hier zusammen, bei welchem Buchstaben du die meisten Treffer hast. Vergleiche das Ergebnis mit dem aus deinem Cremeschnittentest. Es kann gut sein, dass du bei Beziehungen ein ganz anderer Typ bist bzw. eine ganz andere Grundenergie wählst als bei der Planung deiner Ferien. Es könnte also sein, dass pro System (Frauenferien-System und Männer-Beziehungs-System) eine andere Grundenergie herrscht. Das würde bedeuten, dass du nicht einfach ein Typ bist, also ein roter Orientteppich, sondern aus verschiedenen Fäden (Rückseite des Teppichs) zusammengestellt bist. Die gute Neuigkeit bei einer Typenvielfalt ist: Du hast viele Ressourcen zur Verfügung, um bei deiner Beziehung, die du als nicht zufriedenstellend empfindest, eine Veränderung zu initiieren. Die gute Nachricht bei einer starken, einheitlichen Typologie: Deine möglichen Baustellen sind einfacher eruierbar, da offenbar immer wieder der gleiche Bagger zu viel Erde aushebt.

Fragen an dich

- Welche Systeme gibt es bei dir? Du hast dir die Systeme schon weiter vorn herausgearbeitet. Nimm sie also zur Hand. (Eines meiner Systeme ist beispielsweise mein Arbeitsteam, meine Funktion als Dozentin führt mich in ein anderes System. Ich habe Freundinnen, mit jeder habe ich ein eigenes System, denn nicht alle meiner Freundschaften gestalten sich gleich. Ich habe eine Liebesbeziehung. Ich habe eine Familie (Herkunftsfamilie, eigene Familie) etc. Wie sieht es bei dir aus?)
- Welche Systeme sind wichtiger, welche sind unwichtiger?
- Wenn du dir mal vier oder fünf wichtige Systeme herausgesucht hast, schau dir an, welches Verhalten bei dir dominiert. Verhältst du dich in allen Systemen gleich (du kreist überall um die anderen, oder du willst überall alles bewahren etc.), oder gibt es Kombinationen unterschiedlicher Verhaltensweisen?
- Gibt es ein System, das zurzeit blinkt? Das heißt, gibt es eines, mit dem du nicht happy bist? Steht der Beziehungsstatus in diesem System auf unzufrieden? Wie gestaltet sich dein Verhalten dort?

Affirmation

Du bist mehr als ein Typ. Betrachte dich als ein spannendes Buch mit vielen Seiten. Höchste Zeit für das nächste Kapitel!

VARIANTEN EINES UNZUFRIEDENEN BEZIEHUNGSSTATUS

Wer seinen Beziehungsstatus als unzufrieden erlebt, ist meist irgendwo auf der Strecke zum Glück und zur Erfüllung stecken geblieben. Stehst du diesbezüglich im Stau? Bist du von der Autobahn abgekommen und verfährst dich gerade auf den Nebenstraßen? Hattest du einen Unfall und läufst nun zu Fuß weiter? Du hast dich verirrt, und immer wieder tauchen neue Sackgassen auf? Dann weißt du vielleicht inzwischen gar nicht mehr, wo Norden oder Süden ist. Du fühlst dich verloren, verlassen und gefangen in einer Endlosschleife der Versuche, etwas zu verändern.

Ich kenne das gut, glaub mir. Auch von mir selbst. Ich kenne zudem viele Frauen, denen es so geht. Diese Frauen sind meine Freundinnen, meine Bekannten, die Teilnehmerinnen meiner Seminare oder meine Kundinnen aus Coachings.

Lass dir hier sagen: *Fühl dich verloren, aber nicht allein.*

An dieser Stelle können wir uns verzweifelt an den Wegrand setzen und das Taschentuch zücken. Wir stecken fest. Der Beziehungsstatus leuchtet rot auf. Er steht auf *unzufrieden*. Du siehst es. Die anderen auch. Es gibt kein Entrinnen, kein Entkommen. Denkst du.

Nein, ich sage dir: *Du hast die Wahl.* Schon hier kannst du wählen, ob du in die Trauer- und Aufgabeszenerie eintauchen willst oder ob du findest, dass es Lösungen geben *muss*. Erinnere dich, du triffst etwa 20 000-mal pro Tag eine Entscheidung. Und diese nach einem speziellen Muster. Was wäre, wenn du das Muster der Entscheidungswahl ändern kannst? Wenn nur eine der 20 000 Entscheidungen anders wäre als üblich? Was dann?

Es braucht eine neue Richtung des Denkens

Unser Kopf ist rund, damit das Denken die Richtung wechseln kann heißt ein Buch des französischen Künstlers Francis Picabia.[5] Damit meinte er auch, dass wir unbedingt unsere *Denkmuster* verändern sollen. Wir denken immer die gleichen Gedanken, wir behandeln Probleme gemäß unseren Denkschemata, darum verwundert es wohl auch nicht, wenn die Resultate und Ergebnisse immer ähnlich sind. Um weiterzukommen, braucht es einen *anderen* Gedanken, ein neues Denkmuster, eine Abzweigung im Kopf.

Wir denken in einem Muster. Manche haben Vorlieben für Katastrophenszenarien, andere lieben es, sofort einen Schuldigen zu suchen. Das, was wir denken, hat Auswirkungen

- auf unsere Gefühle,
- auf unseren Körper,
- auf unsere Handlungen.

Wenn du also denkst, der andere meine es nicht gut mit dir, was passiert da? Du bekommst ein flaues Gefühl. Dein Körper reagiert mit einem Druck im Bauch. Du bewegst dich vorsichtiger. Deine Handlungen können dann so etwas sein wie, dass du einen Vertrag nicht unterzeichnest, dass du einen Termin wieder absagst, dass du erst einmal Auskunft über den Leumund des anderen einholst.

Wenn du denkst, dass du eine großartige, entscheidungsfähige Frau bist, was passiert nun in dir? Du verspürst Freude, es kribbelt in den Füßen, und du kaufst dir das rote kurze Kleid oder reagierst auf einen Flirtversuch des Nachbarn.

Was wäre, wenn du denken würdest, dass du stets und immer und täglich neu die Wahl hast? Du bist eine freie Frau, die jeden Tag denken darf, was sie will. Die jeden Tag fühlen kann, wie sie will.

Vielleicht merkst du bereits an dieser Stelle einen feinen Unterschied. In dir drin, in deiner Gedankenwelt bist du frei! Du hast die Möglichkeit, alles zu denken und zu imaginieren, was du willst. Dafür wirst du nicht bestraft. Ob du dir vorstellst, eine persische Prinzessin zu sein oder eine kurvenreiche Sexgöttin – daraufhin passiert im Außen noch nichts. Fast nichts. Dazu komme ich später. Deine Gefühlswelt ist dein Reich. Du darfst darin herumreisen und genießen, trauern, wüten, hassen, wie du willst, solange das für dich sinnvoll ist. Erst bei den Handlungen wird es langsam sicht- und spürbar. Ob du ab jetzt jeden Morgen joggen gehst oder jeden Mann, der dir gefällt, einfach küsst, das wird *Auswirkungen* haben.

Ich verrate dir ein Geheimnis

Bereits ein einziger neuer Gedanke wird bei dir viel in Schwung bringen. Denn deine Gefühle und dein Körper und deine Handlungen sind mit ihm verwoben. Wie bei einem hängenden Mobile sind diese Teile miteinander verbunden. Denkst du etwas Neues, wird sich das auf Emotionen, deinen Körper, deine Handlungen auswirken. Fühlst du etwas anderes im Herzen, dann denkst du dazu das Passende, dein Körper fühlt sich anders an, dein Verhalten passt sich an.

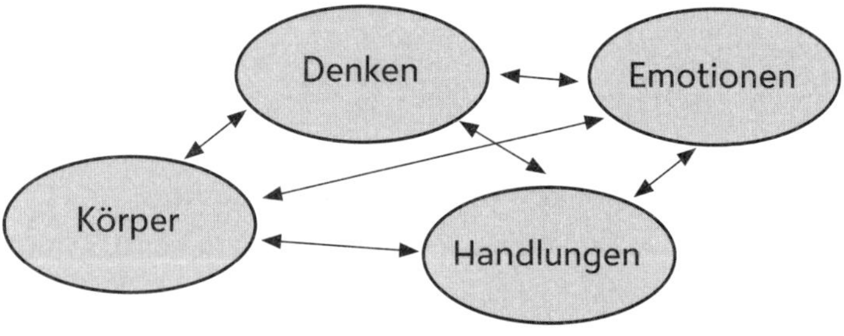

Auch wenn du meinst, du seist ein Opfer der Umstände, in einer Zwangsjacke eingeschnürt, dann stimmt das nicht. Deine Gedanken sind frei wie Adler, sie können hoch hinauffliegen und über neue Kontinente schweben.

Übung

Finde einen neuen Gedanken in dir und denke ihn 21 Tage lang immer wieder.[6]

So lange, nämlich 21 Tage, braucht dein Gehirn, bis es diesen neuen neuronalen Pfad angelegt und umprogrammiert hat. Damit sich dieser Gedanke ganz bei dir festmacht, braucht es weitere circa 66 Tage, dann wird sich der Gedanke also auch in deinem Verhalten zeigen. Unser Gehirn ist *stets* veränderbar! Es wächst mit, es passt sich an. Du kannst also bestimmen, was es denkt! Wenn wir das nicht tun, dann denkt das Gehirn in habituellen, also gewohnheitsmäßigen, mentalen Mustern immer das Gleiche.[7] Willst du das? Nein? Schreib also deinen neuen Gedanken auf und klebe ihn am besten an den Kühlschrank oder neben dein Klo! Zur steten Erinnerung!

Nun aber nochmals zurück zu deinem aktuellen Zustand. Gemäß meiner Erfahrung stecken Frauen in vier möglichen Lebensformen fest, die ich dir im Folgenden darstelle. Dabei gehe ich auch darauf ein, wie diese mit deinem Grundtyp in Verbindung stehen. Weiter unten stelle ich dir dann jeweils eine Frau vor, die diese Lebensformen lupenrein verkörpert.

Die Seitenspringerin (Typ A: Die Abenteurerin)

Als Seitenspringern ist jede Sekunde deines Lebens besetzt. Von mehreren Szenarien. Du lebst vielleicht mit deiner Familie am Stadtrand, und die Nachbarn halten dich für eine sehr ehrenwerte Frau. Aber jeden Dienstag triffst du Johann über Mittag im Hotel. Und Johann ist nicht dein Mann. Alle meinen, du bist im Yoga und anschließend bei der Massage. Entspannt wirkst du immer, wenn du zurückkommst. Das untermauerst du durch die neue Yogaübung, die du zu Hause vormachst, oder durch die erfundene Story über die Masseurin, die angeblich nun ein Haus baut. Du musst lügen, betrügen, balancieren, schauspielern für deine Glücksmomente, die deinem Leben einen Schub geben und dich alles andere ertragen lassen. Du steckst fest im Lügengebäude, im Organisieren des nächsten Stelldicheins, im Geheimhalten, im Aushalten des schlechten Gewissens. Denn was ist los mit deiner eigentlichen Beziehung? Da steht der Beziehungsstatus ganz klar auf unzufrieden! Wenn du dich hier wiederfindest, wird dir die Geschichte von **Amanda** am nächsten liegen, während die anderen Geschichten dir Impulse geben, welche anderen Kräfte in dir du mobilisieren könntest.

Die Betrogene (Typ B: Die Fürsorgerin)

Du hast eine Partnerschaft, du meinst es ernst. Der andere offenbar nicht. Denn er betrügt dich. Mit einer oder mehreren anderen Frauen. Damit ist großes Leiden verbunden. Du liebst den Mann und kannst dir das Leben ohne ihn nicht mehr vorstellen (aha, da kommt das Denken wieder ins Spiel), und/oder du hast das Gefühl, du seist abhängig von ihm (z. B. wegen der Kinder, Finanzen etc.). Oder du willst auf alle Fälle bleiben, weil es die Gesellschaft, die eigene Familie oder die Religion so will. Es bleibt dir nichts anderes übrig, als nonstop zu jammern, denn du fühlst dich als Opfer. Es tut unheimlich weh, dass er dich betrügt, anlügt, dich im Glauben ließ, eine gute, treue Beziehung haben zu können. Dein Vertrauen ist im Eimer. Dein Herz blutet. Wenn du dich hier wiederfindest, wird dir die Geschichte von **Franzi** am nächsten liegen, während die anderen Geschichten dir Impulse geben, welche anderen Kräfte in dir du mobilisieren könntest.

Die Geliebte (Typ C: Die Bewahrerin)

Du liebst einen Mann. Über alles. Er liebt dich auch (sagt er jedenfalls). Aber er liebt seine Familie mehr. Darum hat er neben dir eine Ehefrau, zwei Kinder und einen Hund. Und diese Konstellation ist seine Nummer eins im Leben. Du hingegen hast die Zwei auf dem Rücken. Deshalb wartest du. Dass er Zeit hat. Dass er sich freinehmen kann. Dass er seine Eins ausgetrickst hat. Dass er noch kurz vorbeikommt. Dass er dir schreibt, dass er dich liebt. Du wartest am Tag, du wartest in der Nacht. Und wenn du schläfst, wartest du, dass während des Träumens ein Wunder geschieht und er dir am nächsten Tag sagt, dass er alle verlässt, um mit dir glücklich zu werden. Denn richtig glücklich ist er nur mit dir (sagst du dir fortlaufend). Trotzdem, das andere gibt er nicht auf.

Du steckst also fest im Warten und im Hoffen auf seine Veränderung. Oder du steckst fest in den ewigen Gedankenschlaufen: »Soll ich ihn erpressen, soll ich seiner Ehefrau alles verraten, soll ich Schluss machen, soll ich ihn eifersüchtig machen …?« Auf alle Fälle steht dein Beziehungsstatus auf unzufrieden! Wenn du dich hier wiederfindest, wird dir die Geschichte von **Leonie** am nächsten liegen, während die anderen Geschichten dir Impulse geben, welche anderen Kräfte in dir du mobilisieren könntest.

Die Stagnierende (Typ C: Die Bewahrerin & Typ D: Die Autonome)

Du hast eine oder keine Beziehung. Aber egal, was da ist, es reicht nicht. Du langweilst dich zu Tode. Oder eine tiefe Trauer breitet sich Tag für Tag stärker in dir aus, gekoppelt mit Hoffnungslosigkeit und Antriebslosigkeit. Oder du merkst, wie sich in dir Unmut, Aggression, Energie aufbauen, die dich ängstigen. Nicht auszudenken, was passiert, wenn du das alles rauslässt. Deshalb hältst du den Deckel drüber und grenzt das volle Leben aus.

Du steckst fest in deiner Situation, hast einen Partner zu Hause, den du nicht mehr liebst, oder suchst dir als Single dauernd hoffnungsfroh neue, um festzustellen, dass du wieder eine Niete gezogen hast und nicht den Sechser im Lotto. Diese Schaumschläger, Nichtstuer, Schönredner, Blender reihen sich aneinander, und du hast das Gefühl, aus dieser Liga nie mehr ausbrechen zu können. So oder so, ob mit oder ohne Mann, der Beziehungsstatus steht auf mehr als ungenügend. Wenn du dich hier wiederfindest, werden dir die Geschichten von Judith (Typ C) und Gudrun (Typ D) am nächsten liegen, während die anderen Geschichten dir Impulse geben, welche anderen Kräfte in dir du mobilisieren könntest.

Fragen an dich

- Wie würdest du deinen Beziehungsstatus beschreiben?
- In welcher der vier hier beschriebenen Beziehungskonstellationen befindest du dich aktuell, und wie bewertest du diese Position?

- Wenn du frei wie ein Vogel wärst, wie würdest du dann gerade leben?
- Wenn eine Fee zu dir käme und dir drei Wünsche für ein optimales Liebesleben schenken würde, wie würden diese lauten?
- Welchen der drei Wünsche kannst du hundertprozentig beeinflussen? Sorry, die anderen kannst du den Fischen verfüttern.
- Wie würdest du dein Denkmuster beschreiben?
- Welcher Gedanke löst bei dir stets gute Gefühle und Körperempfindungen aus?
- Wie viel Freiheit erlaubst du dir für deine Gedanken und Gefühle?
- Gibt es eine körperliche Tätigkeit, die in dir meist positive Gedanken und Empfindungen auslöst? Welche? Wie kannst du deine positiv wirksame Körpertätigkeit (noch mehr) in dein Leben integrieren?
- Angenommen, du hättest mehr Lust auf Positives, wie könntest du öfter den einen Gedanken denken, der Gutes in dir auslöst?

Affirmation

Du bist frei, in jeder Sekunde deines Lebens einen neuen Gedanken zu denken. Du hast die Wahl.

AMANDA – AFFÄREN UND LÜGENKONSTRUKTE (A)

Sehen wir uns nun im Folgenden das Leben einer typischen Seitenspringern an: Es ist die Beschreibung der Abenteurerin (A). Amanda ist eine attraktive Frau. Nach wie vor. Auch mit 48 Jahren trägt sie ihre Weiblichkeit mit Stolz zur Schau. Oskar sieht das schon lange nicht mehr. Er ist ein Denker, ein Logiker, ein Naturwissenschaftler. Er liebt seine Physik über alles, und wenn ihm der Gesprächsstoff dazu ausgeht, bleibt noch die Politik. Darüber kann er sich stundenlang auslassen, er ist bestens informiert, da er beim Aufschlagen seiner Augen, anstatt Amanda in den Arm zu nehmen, den Arm nach dem Handy streckt. Die verschiedenen Online-News-Plattformen werden gründlich durchsucht und dann das neu erworbene Wissen beim Frühstück zum Besten gegeben.

Amanda erfriert bei lebendigem Leibe neben Oskar. In seinen Denkschneestürmen, seinen politischen Regenschauern, seinen naturwissenschaftlichen Hagelattacken. Sie ist eine leidenschaftliche Frau, voller Lebensenergie, sie hat Lust auf Abenteuer, auf Reisen, auf neue Erfahrungen, sie will die Welt erobern oder wenigstens die Menschen kennenlernen, die darauf leben. Sie möchte Beziehungen, tief atmen, sie will Herz, sie will Wildheit, sie will sich spüren.

Bei Oskar ist sie tot, eingefroren, abbestellt; auf dem Seitengleis fungierte sie als Mutter eines erwachsenen Sohnes, der gerade kürzlich ausgezogen ist. Ihre Aufgaben und das Pflichtenheft sind abgearbeitet. Was hält sie hier noch? Eigentlich nichts. Nur die Angst, das ganze mühsam aufgebaute Leben ins Klo zu werfen. Die Angst, den Sohn zu verlieren. Denn den Oskar, den sie mal geliebt hat, den hat sie schon vor vielen Jahren verloren.

Er war früher mal anders. Meint sie jedenfalls. Er war spannend, abwechslungsreich, in seiner Logik herausfordernd, in seinem Wissen attraktiv. Deshalb ist klar, dass Amanda etwas gegen die Kälte in der Beziehung tun muss. Es braucht ein Feuer. Oder eigentlich gleich zwei!

Feuer eins: Carlos

Carlos ist in einer ähnlichen Lage wie Amanda. Einfach um Jahre vorgezogen. Seine Frau hat kürzlich ihr zweites Kind bekommen und alles an ihr tropft: Muttermilch, Gebärblutungen, Tränen bei der Hormonumstellung. Der Rest, der nicht tropft, zerfließt in Mutterliebe zu den zwei Kindern. Carlos ist in der ganzen Flüssigkeit nicht vorgesehen, bekommt nichts ab und verdurstet. Amanda und Carlos (gut zehn Jahre jünger als sie) treffen sich, um sich beide wieder lebendig zu fühlen. Es ist nur sporadisch möglich. Manchmal nur alle paar Wochen, dann ein anderes Mal gleich zwei Tage hintereinander (als seine Frau übers Wochenende zu ihrer Mutter fährt). Dann geht die Post ab. Angestaute eingefrorene Energie trifft auf Dürre und Wüstensand. Es braucht Hitze und Saft. Das geschieht im Nu. Die erste Zungenkussattacke stehend hinter der vor Sekunden geschlossenen Türe jagt Hitzewallungen durch Amandas Körper und der Speichel befeuchtet Carlos' Trockenheit. Die Kleider fliegen in alle Richtungen, die Vereinigungen geschehen in allen Varianten. Der Durchbruch zu flüssiger Lava und inneren Wasserfällen geschieht spielerisch, lustvoll und laut. Um sicherzugehen, wird das Prozedere in ruhigeren Varianten noch ein- bis zweimal wiederholt, und dann ist gut. Die beiden suchen sich die Kleider zusammen und verabschieden sich freundlich. Beide gehen mutig und herzerwärmt zurück in ihre Ehen.

Am Anfang haben die Begegnungen mit Carlos Amanda vor Oskars kühlem Wesen wochenlang erwärmt. Während er die Zeitungen nach neuen Fakten durchforstete, lag sie neben ihm im Bett und legte sich die letzte Begegnung mit Carlos als DVD ins Hirn. Mit der Wiederholtaste ließ sie jeden einzelnen Moment genussvoll vor dem inneren Auge entstehen. Dies war wie eine Thermoskanne für die wiedergewonnene Wärme, für das Gefühl, noch zu leben, eine sinnliche, weibliche Frau zu sein, eine begehrte Attraktivität, ein sexuelles Wesen. Sie spürte das Brodeln im Bauch, das Ziehen zwischen den Beinen, sie spürte ihn noch in sich. Sie war erfüllt von Energie und Wollust.

Doch mit der Zeit hielten diese inneren Kaminfeuer immer weniger lang an. Manchmal spürte sie schon tags darauf, wie Oskars Rationalismus sie nervte und abkühlte. Sie musste die Aufwärmkadenz erhöhen.

Feuer zwei: Michael

Michael: Single. Bad Boy. Gut aussehend. Tattoos. Raucher. Hascher. Bauarbeiter. Gierig. Frech. Amanda war per Fahrrad auf dem Heimweg vom Sport. Die rote Ampel bei der Baustelle kurz vor ihrem Haus ließ sie warten. Der Typ, der unmittelbar vor ihr die Maschinen bediente, schaute sie frech an. Sie schaute zurück. Und er meinte nur: »Um fünf bin ich fertig. Komm hierher!« Sie radelte nach Hause, und in ihr kribbelte das Leben. »Wie kommt er nur auf die Idee, mich so anmachen zu können? So ein frecher Kerl!« Und doch, kurz vor fünf musste sie dringend noch einige Besorgungen machen. Oskar wollte wissen, warum sie nochmals rausmusste. »Zum Coop, kann etwas länger dauern.« Sie radelte zur Baustelle, und da stand er. An den Bauwagen gelehnt, rauchend, verschwitzt, lächelte er sie an.

Er winkte sie mit einer leichten Kopfbewegung zu sich. Sie stieg vom Rad ab und folgte ihm. Er zog sie hinter den Wagen und flüsterte ihr ins Ohr: »Du willst also, dass ich es dir besorge. Ja. Und du bist sicher verheiratet, und hier kann ich dich nicht ficken. Stimmt's?« Amanda konnte bloß nicken, während der Kopf nicht mehr dachte, nur der Körper regierte noch. Er gab ihr einen Zettel mit seiner Adresse in die Hand und raunte ihr zu: »Ich warte da auf dich. Komm nicht zu spät. Und zieh was Scharfes an.«

Wie benommen fuhr Amanda zum Coop, während ihr Körper und ihre Fantasie in Flammen standen. Der Geruch seines Schweißes, sein rauchgeschwängerter Atem, seine frechen, fordernden Worte hatten ihr ganzes Innengerüst in drei Sekunden abgebaut. Sie wollte nur noch dorthin. Sie wollte das pure Leben spüren.

»Wohin willst du denn nun schon wieder?«, wollte Oskar eine Stunde später wissen. Sie tischte ihm eine Lüge auf, dass die beste Freundin gerade eine Krise habe wegen ihres Sohnes, dass sie sofort dahin müsse, um ihr beizustehen. Das sei schließlich ihre Pflicht als Freundin. Ach ja, es könne deshalb länger dauern. Um Oskar nicht misstrauisch zu machen, schminkte sie sich in der Garage und zog sich auch dort um. Oder besser gesagt, aus.

Wie auf Drogen suchte Amanda die Adresse. Sie trug einen Regenmantel, darunter nur noch einen schwarzen BH mit passendem String und schwarzen Strapsen in High Heels. Michael war frisch geduscht, trug Aftershave und zerrissene Jeans. Sonst nichts. Wie zwei hungrige Wölfe stürzten sich die beiden aufeinander, und Amanda verging Hören und Sehen vor Wollust. Nach ausgeschriener Lust, nach abgearbeiteter Energie, bei satter Müdigkeit, wandelte sich Michael vom harten Kerl in das, was sich Amanda immer gewünscht hatte: in einen männlichen Softie.

Er streichelte sie sanft, küsste sie auf die Augen und hauchte ihr wunderschöne Sätze ins Ohr: »Du bist so wunderbar. Du bist die schönste Frau, die ich kenne. Und so sexy und attraktiv. Und nun liegst du neben mir und machst mich stolz und glücklich. Wow, ich kann es einfach nicht fassen.«

Amanda kann heute nicht mehr sagen, wann es passiert ist. Ob es bei den ersten zwanzig oder bei den nächsten zwanzig solcher Sätze geschah, dass Michael sich nicht nur ihren Körper eroberte, sondern auch ihr Herz. Jedoch war es der Startschuss in ein schwieriges logistisches Unterfangen. Michael will sie sehen. Am liebsten jeden Tag. Auch über Nacht. Und am Wochenende. Er will sie haben. Ganz. Am liebsten für immer. Und Carlos will sie auch sehen. Eben nur ab und zu. Und Oskar will sie nie sehen, aber immer dahaben, ohne sie zu sehen. Das bedeutet für Amanda einerseits, Oskar mit verschiedenen neuen Storys abzulenken: Sie erfindet eine neue Arbeitskollegin, mit der sie nun zum Walking geht, fast täglich am Abend, um sich vom Stress des Alltags zu erholen. Damit kann sie gut erklären, warum sie beim Nachhausekommen so müde und verschwitzt ist. Dann muss ihre Freundin Jolanda unbedingt zur Erholung mal weg. Sie hat sich anerboten, die Kids übers Wochenende zu hüten. Natürlich bei Jolanda zu Hause.

Carlos lügt sie vor, er sei der Einzige. Michael lügt sie vor, er sei der Einzige. Oskar lügt sie vor, sie sei seine treue Ehefrau. Sie lügt und betrügt, sie administriert ihr Leben nach freien Stunden, die sie für ein Schäferstündchen nutzen kann. Steuererklärungen, Rechnungen, Freundinnen, familiäre Verpflichtungen beginnen sich anzuhäufen und steigen als Stapel in die Höhe. Die Forderungen an der Männerfront verschärfen sich. Michael will, dass sie sich von Oskar trennt. Carlos hat nun wöchentlich die Gelegenheit, Amanda zu treffen, weil die in Kinderliebe zerfließende Ehefrau findet, Carlos brauche dringend einmal die Woche seinen Männerabend. Oskar hat einen Debattierclub für politische Reden entdeckt und will, dass sie ihn begleitet. Nicht, damit sie debattiert, sondern damit sie ihn bewundert, wie er dies tut.

Die Ambivalenz der Energien beim Seitenspringen

Einerseits haben Seitenspringerinnen das volle Programm: Ehe, Familie, Sicherheit, gesellschaftliche Position, plus Aufregung, Abenteuer und das pure Leben in jeder Zelle. Das hat einfach seinen Preis. Es ist ein Hochseilakt im Bauen von Lügenwelten, die keine Lücke aufweisen dürfen, sonst implodieren sie. Ein energetischer Kraftakt, in jeder Welt hundert Prozent zu leisten. Administrations- und Organisationsspitzensport.

Das kann ans Eingemachte gehen. Es hat auch Auswirkungen. Auf einmal sind die Mahnungen da von Rechnungen, die liegen gelassen wurden. Oder die beste Freundin wird furchtbar sauer, weil sie zwar als Alibi genutzt wird, aber es keine echte Begegnung mehr gibt. Oder der Chefin fällt auf, dass die Arbeitsleistung sinkt, weil Amanda dauernd per WhatsApp ihr Privatleben organisieren muss.

Es ist eine einfache Rechnung. Es gibt nur 24 Stunden pro Tag. Und sieben Tage die Woche. Seitenspringerinnen brauchen mindestens ein Drittel mehr. Für ihre Nebenaktivitäten. Also schlafen sie weniger oder leisten weniger oder stehlen an irgendwelchen Orten Zeit und Energie. Das geht meist nur eine gewisse Weile lang gut.

Wenn die Balance kippt

Wenn dann eine Affäre mehr will, wird es zunehmend schwieriger. Michael will sie nun ganz. Er ist eifersüchtig auf Oskar. Er droht ihr, dass er sie verpfeift, wenn sie nicht mit ihm nach Paris fährt. Ihre anfängliche Begeisterung für ihn nimmt andere Formen an. Einerseits ist sie wirklich verliebt, andererseits spürt sie das gefährliche Pulverfass, auf dem sie sitzt. Während Carlos nicht daran denkt, seine Familie zu verlassen und deshalb den Status quo nicht anrührt, wird Michael immer fordernder und immer schwieriger. Er will sie heiraten und mit ihr Kinder haben. Das Problem: Sie ist schon verheiratet und hat schon einen Sohn. Außerdem ist sie in dem Alter, in dem es schwieriger wird, Kinder zu bekommen. Dennoch: Er will sie. Er sagt: »Verlass Oskar. Komm zu mir. Wir leben in meiner Wohnung. Ich sorge gut für dich.« Auch das scheint wenig attraktiv für Amanda. Hat sie doch herausgefunden, dass er die Einzimmerwohnung kaum halten kann, da er noch Schulden von früher abarbeitet. Und wenn sie nicht kommen kann, dann greift er zu Hasch oder Alkohol. Von wegen, er sorgt gut für sie. Das kann er weder finanziell noch gesellschaftlich. Nur seine Emotionen sind stark. Das reicht nicht. Auch nicht für Amanda. Egal, welche Eiseskälte zu Hause gerade herrscht.

An Ostern, an Geburtstagen und an Weihnachten plagt Amanda das schlechte Gewissen. Da kommt Sohn Richard vorbei und feiert mit ihnen. Er genießt es, in den Schoß der Familie zurückzukehren. Amanda backt dann einen Kuchen oder für den Brunch Waffeln. Und dabei fühlt sie sich wie die letzte Person auf der Welt. Da klopfen Schuld, Vorwürfe, Ansprüche an Reinsein, Ehrlichkeit, Aufrichtigkeit, Transparenz an die Tür. Nein, sie klopfen nicht, sie poltern. Amanda hat dann alle Hände, sprich Abwehrmechanismen, voll zu tun, diesen Einhalt zu gebieten.

Tricksen, um die Affäre zu rechtfertigen

Ein wunderbarer Mechanismus hilft immer: Sie beobachtet Oskar mit Argusaugen. Was macht er, was sagt er, und vor allem, was macht er nicht, und was sagt er nicht? Da Oskar nichtsahnend er selbst ist, bekommt Amanda in kurzer Zeit eine lange Liste mit all seinen Vergehen zusammen, die ihre Affären zu rechtfertigen scheinen: Er hilft ihr nicht, die schweren Einkaufstüten in die Wohnung zu tragen. Er lobt sie nicht für den Kuchen. Als sie seine Eltern besuchen fahren, hält er ihr weder die Autotür auf noch ihre Hand während der Fahrt, noch erwähnt er ihren letzten beruflichen Erfolg. Dann fühlt sie sich wieder bestätigt, dass sie durchaus ein Recht auf Carlos und Michael hat.

Dieser Vorgang ist typisch für Seitenspringerinnen. Sie sind immer voll ausgelastet und sehr engagiert im Vertuschen ihrer Sprünge. Die wenigen Momente der Ruhe und Reflexion, meist gekoppelt an Familiengeschichten, lassen eine Flut der unterdrückten Gefühle zu. Hinter Seitensprüngen steht meist ein kolossales Enttäuschtsein vom anderen, vom Nicht-Gesehen-Werden, Nicht-Geliebt-Werden, davon, dass die eigenen Bedürfnisse fortwährend übergangen und bagatellisiert werden. Der Partner sieht die Leistungen seiner Frau nicht, geschweige denn, dass er sie würdigt. Ihre Wünsche wischt er leichtfertig vom Tisch oder – sehr kränkend – bewertet sie als idiotisch, unrealistisch, unangebracht. Meist halten Seitenspringerinnen lange in unzumutbaren Zuständen in unzumutbaren Beziehungen aus.

Von der Erlösung des Leids zum neuen Problem

Der Seitensprung ist anfangs die Erlösung. Mit dem anderen Mann am anderen Ort in anderen Stellungen erfährt die Frau Zuneigung, sexuelle, aber meist auch emotionale Energie, sie wird gesehen, begehrt und durchflutet von Vibration, intensivem Lebens- und Glücksgefühl.

Es ist unter anderem auch eine Strategie des Überlebens. Es kann sich wie eine Droge auswirken. So sehr, dass es Amanda geschehen kann, dass es noch den One-Night-Stand Guiseppe geben wird und in den Ferien die Liebschaft Jean-Marc. Seitensprünge können vieles wiedergutmachen. Anfangs. Doch sie können auch verdammt wehtun. Wie bei Arianna, die sich in ihren jungen Lover Adam Knall auf Fall verliebt hat. Ein 15 Jahre jüngerer Mann, der ihr alle Sinne und jeden Verstand raubte. Nach vielen mit Liebesschwüren beladenen, intensiven Stelldicheins beginnt Arianna den Absprung von Ehemann Ernst zu planen. Gott sei Dank hat sie das Vorhaben noch nicht ausgeführt, als Adam ihr gesteht, dass sein größter Wunsch eine Familie sei. Und da sie mit eigenen Kindern ja versorgt sei, mit ihm wohl keine mehr wolle und auch nicht mehr haben könne, müsse er ihr nun schweren Herzens Adieu sagen. Sie würden Freunde bleiben, das sei klar. Aber Mia, die er neulich kennengelernt habe, verdiene es, dass er es ernst mit ihr meine und eine treue Beziehung mit ihr aufbaue. Kalt abgeduscht, das Herz ohne Vorwarnung und Narkose mit ein paar Sätzen herausgerissen, liegt Arianna nun neben ihm im Bett und weiß nicht mehr, ob sie noch lebt oder gerade stirbt.

Rein ist einfach – aber raus?

Was die meisten nicht bedenken, wenn sie eine Affäre starten: *Wie hört sie wieder auf?* Manchmal kann eine Affäre ganz cool so locker enden wie beginnen: »Hey, das war das letzte Mal. Es ist gut so.« Der andere nickt und gibt noch einen herzlichen Klaps aufs Gesäß, bevor er zur Tür hinausflitzt auf Nimmerwiedersehen.

Meist jedoch sind da Verbundenheit und starke Gefühle vorhanden, die gelöst werden müssen. Das geht für die eine oder andere Partie nicht schmerzfrei ab. Verletzte Männer können ab und an auch richtig gefährlich werden. Sie wollen die Diskretion nicht mehr aufrechterhalten, sie wollen den Ehemann informieren und das Fremdgehen auffliegen lassen. Auf einmal ist der Ausweg aus dem ungenügenden Beziehungsstatus eine neue Falle. Eine weitere Beziehung, die nicht (mehr) genügt, die belastet, Kraft raubt, betreut werden muss.

Um ein solches Leben aufrechtzuerhalten, braucht es Unmengen an Energie. Denn das Ganze ist geheim, verboten und wird hart beurteilt. Nicht nur von Oskar, sondern auch von einigen Freundinnen, ganz speziell von solchen, die selbst unglücklich in einer Beziehung oder einem Beziehungsgeflecht feststecken.

Also braucht es viele Ablenkungsmanöver und Zeitressourcen. Da die Glücksdroge Affäre einen wichtigen Job erledigt, scheint es den Seitenspringerinnen, als hätten sie keine Wahl. Als steckten sie in einer Spirale fest. Oskar entwertet sie zu Hause, Michael soll das wettmachen. Oskar vergisst ihren Geburtstag. Carlos schenkt ihr Blumen und einen Orgasmus.

Gründe für und ein Ja zum Seitensprung

Es gibt auch Seitenspringerinnen, die sich einfach den Sex extern holen. Der interne fehlt. Der ist mies. Unbefriedigend. Der Mann oft nicht da, kriegt keinen mehr hoch, ist zu gestresst oder turnt sie einfach nur noch ab. Auch das können Gründe sein, dem Gärtner zuzuzwinkern und ihm im kurzen Nachthemd einen Kaffee zu offerieren.

Es gibt viele Gründe für diese Sprünge. Sie können regelmäßig oder vereinzelt stattfinden. Einmal im Jahr beim Wellnessurlaub oder immer mal wieder ein One-Night-Stand im betrunkenen Zustand. Egal, die Frau hat sich zu einem bestimmten Zeitpunkt ein Ja zugestanden. Auch wenn das Gehirn denkt: »Pass bloß auf, der Typ gefällt dir viel zu gut!«, hat vielleicht der Körper schon entschieden, was er will. Die wach gerüttelten Hormone stürmen wie eine Horde Affen die Gefängnismauern ihrer Vernunft. Auch wenn nicht wirklich bewusst das Ja zugestanden wurde, hat das Unbewusste schon alles arrangiert. Es gibt auch Frauen, die sich eines Morgens nach einem heftigen Streit mit ihrem Oskar selbst mitteilen: »So, jetzt ist Schluss. Ich habe alles probiert, und es reicht mir. Den Nächstbesten schnapp ich mir.«

Du hast die Wahl!

Liebe Amandas, auch ihr habt die Wahl. Ihr könnt in diesem Kreis weiterdrehen (meist so lange, bis der Krug zum Brunnen geht und bricht) oder ihn unterbrechen. Ihr habt die Wahl, was euch besser tut: das Ablenkungsmanöver vom Schmerz oder das Angehen des Übels. Ihr könnt eure Oskars anlügen, oder ihr könnt ihnen sagen: »Wenn du mich nicht mehr ernst nimmst, wenn du meine Bedürfnisse und Wünsche dauernd entwertest, dann fühle ich mich extrem ungeliebt. Es wird mir wohl nichts anderes übrig bleiben, als dass ich mich mit einem Liebhaber wieder liebenswert fühle.« Ihr könnt entscheiden, ob Michael euch erpressen darf oder nicht. Ihr könnt abwägen, ob es einer, zwei oder zehn Männer sein sollen. Ihr könnt euch eine Erlaubnis zum Seitensprung geben oder an Schuldgefühlen ersticken.

Fragen an dich

- Was möchtest du wirklich?
- Was wünschst du dir von deinem Oskar? Angenommen, er gibt es dir, was wäre dann anders?
- Was bekommst du nebst Sex von Carlos, von Michael, von Jean-Marc?
- Wenn es eine Gesellschaft gäbe, die Mehrfachbeziehungen als normal betrachtet, was wäre dann anders?
- Welche Energie bekommst du von dem Seitensprung?
- Welche Energie nimmt dir der Seitensprung?
- Was könntest du verändern, damit du stets im Plus bist?
- Welche negativen Gedanken belasten dich? Schreib sie mal auf. Was müsstest du mit diesen tun, damit sich dein Gemütszustand total verschlechtern würde?
- Wenn du den Druck in deinem System zum Eskalieren bringen wolltest, was müsstest du tun?
- Schau dir deine Bedienungsanleitung für die Eskalation nochmals an: Gibt es nun etwas, was du verändern kannst, um den Druck zu minimieren?
- Angenommen, dein Seitensprung käme raus, was wäre dann anders?
- Angenommen, dein Seitensprung käme raus, und wir träfen uns zwei Jahre später, was würdest du mir dann über dein Gelerntes, Überstandenes erzählen?

Affirmation

Du hast stets die Wahl, dich für dich zu entscheiden. Egal, was die anderen (Männer) von dir wollen, es zählt nur das, was dich glücklich macht.

FRANZI – HERZSCHMERZ UND WEINANFÄLLE (B)

Franzi ist eine typische Fürsorgerin (B). Leider ereilt sie ein Schicksal, das schon fast in der *Job Description* einer Fürsorgerin steht. Franzi ist 38 Jahre alt. Sie hat mit Leonard drei großartige Kinder, eine hübsche Wohnung, zwei Katzen und einen Hund. Sie arbeitet Teilzeit in der Pflege, Leonard übt das Amt eines Unterstufenlehrers aus. Vor einem Jahr wurde er zusätzlich zum stellvertretenden Schulleiter befördert. An den Abenden, an denen Leonard zu Hause ist, gehen die beiden zusammen mit dem Hund spazieren und erzählen sich von ihren Erlebnissen. Sie besprechen die nächsten Erziehungsschritte, und er hält längere Reden über seine Zukunftspläne und erklärt ihr die politische Schullandschaft. Sie hört ihm dabei andächtig zu und bewundert seinen Verstand und sein Wissen. Am Samstagnachmittag haben sie Sex, denn da sind alle drei Kinder bei den Pfadfindern. Sie schläft mit ihm, weil er es will. Er schläft mit ihr, weil es so sein soll. Es ist ein Standardritual genauso wie der große Zopf zum Sonntagsfrühstück.

Franzi ist glücklich. Ihr Lebensinhalt ist diese Familie, dessen Zentrum Leonard bildet. Ihr eigenes Leben webt sie in die freien kleinen Plätze ein. Sie arbeitet, weil das Geld wichtig für die Familie ist, und nicht, damit sie Bestätigung erfährt. Sie trifft am Dienstag ihre Kolleginnen zum Volleyball, weil ein Hobby zu haben zum guten Ton gehört.

Der Absturz

Alles geht gut bis zu jenem Tag im November. Offenbar ist ihr entgangen, dass abgemacht wurde, an Allerheiligen das Volleyballtraining ausfallen zu lassen. Nachdem sie noch etwas vor der verschlossenen Türe gewartet und ihre Freundin Lucy angerufen hat, um dann den Grund für den Ausfall zu erfahren, beschließt sie, wieder heimzugehen. Sie weiß, die Kinder sind bereits im Bett, Leonard würde wie immer in seinem kleinen Büro arbeiten, welches er sich im Keller eingerichtet hat. Da würde er wohl an dem kniffligen Stundenplan fürs nächste Schuljahr herumfeilen. Das erzählt er ihr ausführlich jeden Mittwoch beim Hundespaziergang.

Heute Abend würde sie ihn überraschen. Vielleicht sollte sie die, mittlerweile in der Schublade ganz nach hinten gerückte, schwarze Spitzenunterwäsche, die sich noch in der Originalverpackung befindet, anziehen? Warum nicht mal Sex am Dienstag? So wie früher würde sie ihn küssen und sanft am Rücken streicheln, ihm dann in den Schritt greifen und sich wieder mal vor ihn hinknien. Oh, diese Haltung hatte sie seit Jahren nicht mehr eingenommen. Ja genau, das war eine fantastische Idee. Stolz über diesen Einfall und voller Tatendrang eilt sie rasch nach Hause.

Das seitlich geparkte Auto nimmt sie nicht wahr, sie ist ganz in ihren Visionen gefangen, wie sie Leonard nun erfreuen könnte. Sie läuft direkt ins Schlafzimmer und zieht sich um. Wirft dann noch einen Sicherheitsblick zu den friedlich schlafenden Kindern hinein und schleicht sich voller Vorfreude ans Büro heran. Von dort kommen ihr seltsame Laute entgegen. Murmeln, Flüstern, ein kleiner Jauchzer, ein Seufzen .... ein Stöhnen.

Wahrscheinlich weiß ihr Körper bereits, was ihr gleich begegnen wird. Denn er verlangsamt sich automatisch, produziert ein

Zittern in den Knien, ein Verkrampfen im Magen. Der Moment, in dem sie die Tür aufstößt und sie ihr Fantasiebild vom Überraschungssex dargestellt vorfindet, würde sich in ihr Gehirn einbrennen und sie in Zukunft davon abhalten, Schlaf zu finden. Der einzige Unterschied zu ihrer Fiktion besteht offenkundig darin: dass die Frau im Bild nicht sie selbst ist, sondern die Logopädin ihrer jüngsten Tochter, und diese rote anstatt schwarze Reizwäsche trägt. In wenigen Sekunden stürzt ihre Welt zusammen, sie steht einfach da, starrt die beiden an, die beiden blicken mit aufgerissenen Augen und in ihrer Wippbewegung innehaltend zurück.

Leonard ringt um Worte

Leonard fasst sich als Erster und öffnet den Mund. Wahrscheinlich will er einen Satz formulieren wie: »Hallo, Franzi, was machst du denn so früh zurück«, oder: »Darf ich vorstellen, das ist Linda, meine Geliebte«, oder: »Es tut mir leid, dass du das sehen musst, ich wollte es dir nach Weihnachten sagen«, oder ...

Was kann ein Mann in so einer Situation denn sagen? In flagranti ertappt. Die Szenerie verdeutlicht alles auf einen Blick: Er braucht mehr im Leben. Er braucht mehr Sinnlichkeit. Er kann nicht in einer Pappschachtel ohne Fenster leben, in der immer gleichen Routine, und das alles ohne Reize und Impulse. Bei Franzi fühlt es sich an, als würde er für den Rest seines Lebens in Turnschuhen über eine feuchte Wiese gehen. Das Gras, den Tau, die Kühle würde er nie mehr spüren. Abgeschottet von jeder Sinnlichkeit würde er alt und grau werden. Das will er nicht (mehr). Es reicht ihm nicht (mehr), ein ordentliches, gesittetes, langweiliges Leben zu führen. Er braucht Sex, Abenteuer, Lust, dazu eine wilde Frau, die gerne bläst und sich attraktiv anzieht, damit es etwas zum Ausziehen gibt. Er will hemmungslos sein Testosteron ausleben, seine angestaute Energie in eine Frau pumpen, vom Verbotenen und Gefährlichen den Puls höherschlagen lassen. Er will sich als Hengst, als Held, als Eroberer fühlen. Am Wochenende oder in der Kirche dann auch als Schwein und als Lügner und Versager. Diese Schuldgefühle lohnen sich, denn das pulsierende Leben jeden Dienstagabend entschädigt ihn dafür. Wie sollte er ihr all das in diesen wenigen Sekunden erklären können?

Alles in Scherben

Es braucht den Satz nicht mehr. Franzi stößt einen Schrei aus, zieht den Bademantel zusammen, um ihre schwarze Unterwäsche zu verhüllen, und rennt davon. Sie hastet ins Schlafzimmer, wirft sich ihre Volleyballkleider über, schnappt sich Jacke und Schuhe und flieht aus dem Haus. Mittlerweile ist das Auto auch weg. Alles ist weg. Die Tränen kullern, der Schmerz breitet sich im Körper aus, und mit jeder Minute, die vergeht, wird Franzi klarer, wie ihre Welt aus den Fugen gerät, der Kitt zerbröckelt, die Wände einstürzen. Mit dem Zusammenbruch ihrer Existenz fallen Werte wie Familie, Ehre, Vertrauen, Zukunft nach und nach in den Haufen von Schutt und Asche.

Sie genügt ihm nicht. Er hat eine andere. Er lügt sie an. Jeden Mittwoch, wenn er über den Stundenplan erzählt. Die monogame Ehe – ein einziger Betrug. Er ist ein anderer. Sie kennt ihn nicht mehr. Der Mann, der vor ihr stand, lüstern, mit steilem Rohr und geschlossenen Augen, ist nicht der Leonard, den sie ihren Ehemann nennt. Der Vater ihrer Kinder. Mit dem sie alt werden wollte. Die Schleuse zum Tränenmeer hat sich geöffnet und wird sich nicht mehr so schnell wieder schließen.

Franzi ist nicht die Einzige, die so etwas sehen und erleben oder erfahren musste. Die Variationen sind vielfältig. Der Mann kann sie betrügen mit einer oder mehreren Frauen, von der besten Freundin bis zur Prostituierten. Sie kann es mit eigenen Augen sehen oder erfahren oder herausfinden. Das läuft meist einfach dumm. Eine falsch adressierte WhatsApp-Nachricht, ein dienstbeflissener Hotel-Concierge, der die vergessene Brille meldet, ein Kondom in den Socken versteckt, die frau sich ausleihen wollte ... das Programm zum Auffliegen ist genauso vielfältig wie Netflix.

Blind wie ein Huhn

Solchen Geschichten sind gewisse Dinge immer gemeinsam: Es hätte Hinweise gegeben. Wenn die Überzeugung nicht so stark gewesen wäre, dass man *blind* vertraut und die Augen vor lauter Liebe geschlossen hatte, wäre aufgefallen,

- dass sich etwas an den Routinen des Mannes verändert hat,
- dass das Handy nicht mehr herumliegt,
- dass überraschend mehr »Arbeit« vorhanden ist, welche unübliche Sondereinsätze verlangt,
- dass der Mann sich stärker seiner Intimpflege widmet, sich neue Kleider und Schuhe anschafft, häufiger zum Friseur geht, mehr Sport treibt,
- dass er von neuen Hobbys, Vereinen oder Aufgaben berichtet (die der Tarnung dienen),
- dass der Mann entweder vermehrt besser drauf ist,
- oder dass er auffällig missmutiger reagiert bei Anfragen zum Familienurlaub, zu Familienausflügen und -feierlichkeiten (weil er sich da seiner Verantwortung und Pflichten bewusst

wird, ebenso, wie er diese verletzt, und weil er dann nicht mehr frei ist, seine Dates zu organisieren).

Das alles wäre einer misstrauischen Person aufgefallen. Doch genauso typisch für die Auffälligkeiten, sind die Annahmen der betrogenen Frauen:

- Wir sind glücklich.
- Wir haben die gleichen Werte.
- Themen wie Familie, Ehe, Zugehörigkeit, Ehrlichkeit sind für uns beide sonnenklar.
- Wir sind offen und ehrlich und können uns alles sagen.
- Dieses Leben kann noch ewig so weitergehen.

Deshalb stürzen betrogene Frauen mit Lichtgeschwindigkeit von ihren Sternkonstruktionen auf die Erde, in die Realität, in die Fakten. Von dem Sturz erholen sie sich lange nicht. Es kann Wochen, Monate oder auch Jahre dauern. Die Diskrepanz zwischen ihrer Annahme über das Beziehungsglück und die Fakten ist derart frappant, dass diese Frauen anfangen an Folgendem zu zweifeln:

- an ihrer Wirklichkeitswahrnehmung,
- an ihrer Werten,
- an ihrem Selbstwert,
- an ihrer Weiblichkeit,
- an ihrer Liebenswürdigkeit.

Zu dem zerbrochenen Eheglück, der zersplitterten Beziehungseinheit addieren sich diese Zweifel. Die Frau gerät in große Not.

Scham- und Schandgefühle

Und dann sind da die *Scham* und die *Schande*. Zwei alte Frauenwörter, die nun mit voller Wucht in ihre Wirkkraft eintreten. Diese Frauen schämen sich dafür, dass sie betrogen worden sind. Es ist eine Schande. Denn alle in ihrem Umfeld haben gute Ehen. Oder sie haben selbst schon mal über eine Frau gelästert, die vom Mann betrogen oder verlassen wurde. »Geschieht ihr recht, sie hätte sich eben mehr Mühe geben müssen. Sie hätte eben weniger an ihren Job und mehr an seine Bedürfnisse denken müssen.« Und nun haben sie selbst das Gesicht verloren.

Es kann also nun sein, dass die betrogene Frau versucht, nichts nach außen dringen zu lassen. Franzi kehrt also nach Mitternacht mit verheultem Gesicht zurück ins Schlafzimmer, wo Leonard auf sie wartet. Sie nimmt ohne Worte ihr Bettzeug und geht aufs Sofa. Leonards Erklärungsversuche wischt sie mit einer Handbewegung weg. Am nächsten Tag steht sie zur gleichen Zeit auf wie immer, bereitet Frühstück zu wie immer und geht zur Arbeit wie immer.

Das Schlimmste bei dieser Erfahrung ist der Vertrauensbruch. Das war die Basis der Beziehung. Die liegt nun in tausend Scherben verteilt am Boden. Die Trennung von diesem Vertrauen, die Trennung von all dem, was frau vorher für selbstverständlich angenommen hat, läutet nun seine Phasen ein. Diese Phasen sind von einigen Psychologen beschrieben und erklärt worden. Ein Abschiedsmodell stammt von Verena Kast.[8] Diese Phasen hat sie erstellt, um den Abschied von einem geliebten Menschen zu beschreiben, der stirbt. Jedoch ist auch das Betrogenwerden ein solcher Abschied. Denn der Mensch, den Franzi kannte, der ist im Büro zusammen mit dem Vertrauen in den bisherigen Lebensentwurf gestorben. Mit einem Unterschied: Leonard lebt nach wie vor im gleichen Haus.

Das Vier-Phasen-Modell der Trauer

Die erste Phase ist diejenige des Nicht-Wahrhaben-Wollens. Andere sagen dazu Schockstarre. Franzi kann und will nicht glauben, was passiert ist. Immer wieder hört sie Stimmen in sich, die sagen: Du hast nur geträumt. Das kann nicht sein. Wir hatten es doch so gut miteinander. Er braucht gar keine andere. Ich kenne doch Leonard, das würde er nie tun. Diese Phase kann mehrere Stunden bis mehrere Wochen andauern.

Die zweite Phase ist die Emotionsphase. Die Emotionen brechen auf. Wut und Trauer, Zorn, Schmerz, Schuld und alles andere überfluten Franzi. Sie schreit Leonard an, wirft die Spülmaschinen-Tabs nach ihm und heult dann stundenlang ins Kissen. Sie fühlt sich verlassen, betrogen, belogen, hintergangen, einsam, elend. Die Liste ist beliebig weiterzuführen. Es kann sein, dass sie in dieser Phase Leonard aus der Wohnung wirft oder ihn auf dem Sofa schlafen lässt oder ihn einfach ignoriert. Sie zieht sich von der Welt zurück, weint viel, und im besten Falle hat sie viele Freundinnen, denen sie davon erzählen kann. Die meisten Betrogenen aber schämen sich derart für den Partner und seine Tat, die nun zu ihrer eigenen Scham geworden ist, dass sie nach außen die Fassade aufrechterhalten. Dabei wären Anteilnahme und Empathie in dieser Phase wohltuend und hilfreich. Wenn die Frauen sich das Mitgefühl schon nicht sich selbst zukommen lassen (die wenigsten sagen sich in dieser Phase: »Franzi, du erleidest gerade einen Moment des Schmerzes, mögest du freundlich, rücksichtsvoll und verständnisvoll mit dir umgehen.«), dann wenigstens würde die Außenwelt diesen Part übernehmen.

Kleine No-Go-Liste für Freundinnen von Betrogenen

- Es ist wenig hilfreich, den Betrüger als Arsch zu beschimpfen.
- Es ist wenig hilfreich, die Phase der Trauer und Wut schneller durchleben zu lassen, indem man neue Männer zum Kennenlernen offeriert oder die Freundin in die Disco mitschleppt.
- Es ist wenig hilfreich, von anderen Betrogenen zu erzählen.
- Es ist wenig hilfreich, auf das große Leid der Welt, Hungersnöte und Kriege hinzuweisen, um das eigene Leid kleiner aussehen zu lassen.
- Es ist wenig hilfreich, die selbst angewandten Lösungen (die übrigens erst in den nächsten Phasen als Option auftauchen) als gute Tipps weiterzureichen.

Kleine Tipp-Liste für Freundinnen von Betrogenen dazu, was wirklich hilft:

- Aktiv zuhören und das Gehörte wertfrei zusammenfassen.
- Dabei die Hand halten und einfach den Schmerz mit dem andern aushalten.
- Fragen nach Ressourcen stellen:
- Was würde dir für heute noch guttun?
- Was könntest du für dich tun, damit du heute Abend gut einschläfst?
- Gibt es etwas, das du abgeben könntest, damit du dir die Zeit nehmen kannst, die dir guttut?
- Gibt es Aktivitäten, die dir guttun und dich einen Mo-

ment lang in eine Art Mini-Urlaub schicken, wo du dich auf etwas Positives fokussieren kannst?
- Gibt es Menschen, mit denen du dich nun umgeben solltest, weil dir das einfach guttut?
- Gibt es Dinge, die dir Trost und Schutz geben?

Diese Phase kann mehrere Wochen bis mehrere Jahre dauern.

Die dritte Phase ist die des Suchens-und-sich-Trennens. Es geht um die Auseinandersetzung mit Orten, Erlebnissen und Erinnerungen. Bei Verstorbenen geht es dabei ums Abschiednehmen. Bei Betrogenen geht es ums Verstehen und Begreifen, wie das alles geschehen konnte. Denn es ist allgemein bekannt, dass so ein Beziehungsbruch aus dem Zweiersystem heraus entsteht und nicht einfach so vom Himmel fällt. Leonard ist nicht einfach eine linke Socke, der sein Teil in andere Teile stecken will, sondern der Mann hat unerfüllte Bedürfnisse, die nicht allein sexuell gelagert sein müssen. Was wissen wir schon über Leonards Not? Vielleicht ist er im Job stark unter Druck. Er muss sich beweisen und bräuchte dringend eine Bestätigung, dass er männlich, potent, kraftvoll, kreativ, erfolgreich, begehrenswert ist. Das bekommt er von Franzi schon seit Jahren nicht mehr. Sie nimmt ihn als Teil ihrer Familie wahr, als ein sachliches Element. Sie bekocht, hegt und pflegt ihn wie die Kinder und sorgt dafür, dass er einmal die Woche zum Abschuss gelangt. Doch sein Ego ist unbedient, seine Unsicherheiten, was seine Wirkung als Mann angeht, wachsen stetig an.

Die Begegnung mit Linda, der Logopädin, auf der Weiterbildung hat ihn elektrisiert. Sie hat ihn mit ganz anderen Augen betrachtet als Franzi. Sie hat ihn als Mann wahrgenommen. Als attraktiven Mann. Sie hat ihn begehrt, sich ihre Lippen befeuchtet, sich ins Haar gefasst, sie trug bei der nächsten Weiterbildung einen kurzen Rock, und das sicherlich für ihn ganz allein …

Es geht bei dieser Phase nicht darum, einen Schuldigen für den Seitensprung zu finden. Die Zusammenhänge erkennen, das Muster in der Beziehung eruieren, welches diese totlaufen ließ – das soll nun geschehen.

Dann erinnert sich Franzi daran, dass Leonard ihr mal vorgeschlagen hat, zusammen einen Porno zu schauen, um ihr Sexleben anzuschubsen. Sie erinnert sich daran, dass er ihr zum Hochzeitstag eine Übernachtung im bekannten Liebeshotel geschenkt hat, zusammen mit roten Strapsen (die sie nie angezogen hat, und den Gutschein hat sie verfallen lassen, weil immer was anderes wichtig war). Sie merkt nach und nach, dass es viele Zeichen gab, die sie ungeachtet beiseiteließ, und erkennt, dass dies seine Hilferufe nach Veränderung und Gesehenwerden waren.

Diese Phase kann mehrere Wochen bis mehrere Jahre gehen. Es gibt leider manche Frauen, die in dieser Phase stecken bleiben, weil sie den Selbstbezug nicht herstellen können. Sie eruieren und untersuchen das vergangene Leben danach, wo er sich *schuldig* gemacht, und nicht, wo er seine Hilferufe abgesetzt hat. Sie schauen nicht in die eigene Waschküche, sondern nur in seine.

Die vierte Phase ist der neue Selbst- und Weltbezug. Wenn nun erkannt ist, wie es zu alldem kommen konnte, kann neu verhandelt werden. Entweder Franzi geht mit Leonard in die Paarberatung, sie schauen sich Leonards Hilferufe an, sie schauen sich Franzis Bedürfnisse an und finden heraus, wie ihre Zukunft nun aussehen wird. Vielleicht finden sie zusammen, weil ihre Liebe füreinander noch stark ist, und sie vereinbaren neue Formate. Oder aber es ist die Zeit für eine definitive Trennung und ein neues Design für die Zukunft. In dieser Phase werden neue Lebensziele erarbeitet. Dies kann mehrere Jahre bis das ganze Leben dauern. Auch bei einer Trennung bleibt Leonard für Franzi der Vater ihrer Kinder und ist weiterhin vorhanden.

Angenommen, Leonard hat bei der Logopädin erfahren, was er als Mann wirklich braucht im Leben. Dass es für seinen nächsten Lebensabschnitt auf keinen Fall Franzi und die Kinder sind. Angenommen, er verlässt Franzi, dann wird auch Leonard diese Phasen durchleben. Denn schließlich waren die beiden für zwölf Jahre ein Paar. Es ist also nicht nur so, dass die Betrogenen diese Phasen durchmachen, sondern auch diejenigen, die verlassen.

In diesem ganzen Prozess, in dem wir Leid und Schmerz vorfinden, in welchem Enttäuschung, Betrug, Lug etc. vorhanden sind, scheint es so, als hättest du keine Wahl. Weil schließlich der andere entscheidet, dich zu betrügen. *Aber:*

Du hast die Wahl!

Du hast bei jeder Phase die Wahl, wie lange du in ihr bleiben willst. Ob du sie allein oder mit Freunden oder mit einer professionellen, kompetenten Fachperson durchlaufen willst. Du kannst das ganze Geschirr gegen die Wand werfen oder nur eine Tasse. Du kannst die roten Strapse feierlich auf dem Scheiterhaufen, zusammen mit seiner Comicsammlung, verbrennen oder sie anziehen. Du kannst verständnisvoll mit dir umgehen oder dir die Schuld an allem geben. Du kannst in der Opferrolle verweilen oder den Schicksalsschlag als Weiterbildungslektion annehmen. Du kannst den Mann der Logopädin anrufen und alles auffliegen lassen oder den Mund halten.

Fragen an dich

(Die Fragen bei all diesen Wahlmöglichkeiten sind immer dieselben.)

- Was ist hilfreich für die jeweilige Phase, in der du steckst?
- Und welche Auswirkungen haben deine Handlungen auf dich (allenfalls auf deine Kinder) und auf ihn?

Affirmation

Es braucht alle vier Phasen. Alle haben ihre Ordnung und Richtigkeit. Beschleuniger gibt es keine. Du hast in allen Phasen immer die Wahl, wie du dabei mit dir umgehst.

LEONIE – WARTEN UND HOFFEN (C)

Bei Leonie handelt es sich um die Geliebte in der Rolle als Bewahrerin (C). Auch Fürsorgerinnen (B) eignen sich hierfür besonders gut. Abenteurerinnen (A) sind ab und an Geliebte, meist ohne Leidensaspekt. Autonome (D) bevorzugen diese Form sogar.

Leonie ist bereits geschieden. Ihre Ehe dauerte drei knappe Jahre, und die Scheidung war schmerzlos. Seither ist sie Single – zumindest offiziell. Inoffiziell ist sie die Geliebte ihres Chefs, des Herrn Gutmeister, der sich nach dem letzten Konkurs gut erholt hat. Denn er ist schwer verheiratet, mit einer Frau mit Geld, Geschichte und einer bekannten Familiendynastie. Er ist dadurch angesehen und reich. Ihre zwei verzogenen Töchter werden in Privatschulen noch verzogener. Die Frau verbringt ihre Tage mit

Schönheit, Shopping und Spenden und magert dabei deutlich ab. Ob es Magersucht oder Sportsucht ist, kann von außen noch nicht erkannt werden. Zu allen Anlässen ist das Ehepaar Gutmeister gern gesehen. Sie verschönert ihn, wenn auch immer hagerer, er stellt die Grundierung für ihren Glanz dar. Ein perfektes Arrangement, nach außen geputzt und poliert, nach innen morbide, hohl und leer.

Diese Leere füllt Herr Gutmeister mit Leonie. Sie ist quirlig, echt, lebenshungrig und -lustig, nicht so schön wie seine Frau, dafür natürlich und reizend, nicht so reich wie seine Frau, dafür selbstständig und bodenständig, nicht so bekannt wie seine Frau, dafür sympathisch, empathisch und liebesfähig. Sie zeigt echte Freude, wenn sie ihn sieht. Sie fühlt wahre Gefühle, sie liebt ihn innig und saugt an ihren Rendezvous jede Bewegung, jeden Quadratmillimeter Haut inklusive Haare sowie jedes Wort in sich auf. Denn von diesem Vorrat muss sie dann leben. Tage-, manchmal wochenlang.

Denn Herr Gutmeister kann sich nicht wöchentlich ein Treffen erlauben, dafür ist seine Agenda zu unregelmäßig. Er muss günstige Zeitfenster planen und sehr umsichtig handeln. Meist schafft es Herr Gutmeister, innerhalb von zehn Tagen ein Schäferstündchen zu organisieren. Leonie hastet dann ins Hotel X oder Y, ins Hinterzimmer von Gutmeisters Autogarage oder ins Gästezimmer seines Freundes Marco (der Einzige, der davon weiß). Natürlich kommt Gutmeister auch manchmal zu ihr, aber auch das darf nicht zu oft geschehen. Angenommen, Frau Gutmeister würde einen Detektiv engagieren, dann könnte man die Treffen mit beruflichen Klärungen begründen.

An den Abenden, an denen Leonie allein ist, packt sie ihren mentalen Vorrat aus und labt sich daran. Seine Bewegungen, seinen Duft, seinen Atem auf ihrer Haut, die gestöhnten Worte, seine Liebesschwüre davor und sein ruhiges Atmen danach, manchmal entdeckt sie eine Fluse an seinem Mantel, die packt sie heimlich ein, um sie dann auf der Glasplatte zu Hause zu den anderen Flusen, dem abgefallenen Hemdknopf, seinem verfallenen Kinoticket zu legen. Das sind die Errungenschaften, von denen sie zehrt, und wir wissen alle, das ist einfach zu wenig!

Deshalb braucht es an diesen Abenden manchmal noch ein Gläschen Rotwein. Vielleicht auch zwei oder drei, denn dann lässt es sich einfacher damit leben, dass Herr Gutmeister nicht da ist, gerade am Arm seiner Frau durchs Galadinner der Pharmafirma Z wandert oder seinen Töchtern große Summen Geld fürs Verwöhntwerden überweist. Denn an diesen Abenden, in den einsamen Stunden gibt es zwei Gefühle, die die Zeit ausfüllen: Warten, warten, warten. Hoffen, hoffen, hoffen. Darauf, dass er sich meldet, dass er wenigstens eine Gute-Nacht-WhatsApp schreibt, dass er ihr vielleicht auch nur ein Kuss-Emoji schickt, dass er das nächste Datum für ein Treffen gefunden hat. Leonie wartet, bis Moos an ihren Gelenken wächst.

Die Abwärtsspirale beim Warten und Hoffen

Leonie trinkt die Gläschen Wein, bis die Gefühle kippen und sich unangenehme Fragen auftun:

- Warum sie und nicht ich?
- Was hat sie, was ich nicht habe?
- Warum verlässt er sie nicht, lieben tut er ja nur mich?
- Wenn er mich liebt, warum trifft er mich dann nicht häufiger?
- Haben wir je eine Zukunft?
- Vielleicht bin ich es einfach nicht wert, geliebt zu werden?

Wir erahnen hier den Schmerz und die Abwärtsspirale. Lass dir gesagt sein, das ist erst der Anfang vom Abstieg. Denn an dem Punkt, wo sich die Frau fragt, ob sie überhaupt liebenswert sei, gibt es kein Zurück. Hier fallen Leonie auf einmal all die Männer ein, mit denen es nicht geklappt hat, und es wird ihr auf einmal klar, dass der Grund des Nichtklappens offenbar bei ihr zu suchen ist. Weil sie zu schwierig, fordernd, kompliziert, liebend, etc. gewesen war. Kurzum einfach nicht liebenswert. Diese Gedanken sind toxisch, denn sie sind der Dünger für weiteres Gedankenunkraut. Überzeugungen wie »Ich bin nichts wert«, »Ich bin ungenügend«, »Geschieht mir recht, wenn ich kein vollständiges Ja zu mir bekomme« etc. fangen an zu wuchern.

Aber da ist immer die Hoffnung, dass es doch anders kommen könnte. Jeder Blumenstrauß, jedes um eine Stunde verlängerte Stelldichein, jedes Kosewort wird dahingehend gedeutet, dass er es sich doch überlegt, überzusiedeln. Was die Allerwenigsten tun. Denn Herr Gutmeister hat alles, was er braucht im Leben: einen finanziell abgesicherten Hafen mit einer gesellschaftlich honorierten Familie, Ansehen und Ruhm plus eine vollausgelastete emotionale und sexuelle Seitenbeziehung, welche dem Lebenssetting Würze, Energie und Bindung gibt. Was will er mehr? Warum ändern? Warum wechseln? Warum so viel verlieren für welchen zusätzlichen Gewinn?

Es kann sein, dass Leonie ganz anders in diese Affäre gestolpert ist. Sie hat nach ihrer Scheidung viele Männer gedatet, ab und zu auch im Bett. Alles Nullnummern, Schaumschläger, Nieten, Pleitegänger. Und sie hatte es so richtig satt, eine neue Beziehung zu suchen. Darum hat sie ihren Freundinnen an dem einen Abend im Pub ihren neuen Plan erklärt. »Ich brauche keine Beziehung. Das ist viel zu anstrengend, zu verbindlich. Wenn du so einen Typen an der Backe hast, der die Socken immer liegen lässt, dich um Geld anpumpt und ab dem zweiten Date keinen mehr hochkriegt, dann hast du den Salat. Lieber ungebunden durchs Leben gehen, vielleicht ein regelmäßiges unverbindliches Stelldichein mit einem guten Mann, der kann von mir aus auch verheiratet sein, aber durstig und gierig will ich ihn haben, das wäre doch eine gute Lösung. Die sexuelle Lust wäre befriedigt, vielleicht schmiert er mir noch Honig ums Maul und bringt mir manchmal ein kleines Geschenk, und so lässt es sich doch wunderbar leben. Keiner, der dich daran hindert, ein Wellnesswochenende mit deinen Freundinnen zu genießen. Auch den spontanen Flug nach London zur Kunstausstellung wird er nicht bewerten und blöd finden, weil er in deinem Leben gar nichts zu suchen hat.« Eine flotte Rede, die durch Gutmeisters nette Aufmerksamkeiten schneller in die Tat umgesetzt worden war als gedacht. In zwei Dingen hatte sich Leonie hingegen getäuscht.

- Erstens: Sie hatte die Rechnung ohne den Emotionswirt gemacht. Der ist ab Treffen zwei dazugekommen. Das viele Küssen hat ihr Inneres erwärmt, die lieben Worte die Sicherungen gelöst, der unglaubliche Sex das Herz aus den Eisenketten befreit und sein warmer Blick es danach mitgenommen. Seither gehört es ihm, und sie ist süchtig nach dem nächsten Treffen.
- Zweitens: Da sie sich den Kalender immer ganz frei halten möchte, damit ein Stelldichein jederzeit stattfinden könnte, gehen die Freundinnen ohne sie zum Wellnesswochenende, und in London wechseln die Ausstellungen, ohne dass sie eine davon je gesehen hat.

Meist gibt es in der Geliebtenrolle mehrere Phasen:

- Phase 1: Nur Sex.
- Phase 2: Aus Sex wird Love.
- Phase 3: Warten und hoffen.
- Phase 4: Leiden und hoffen.
- Phase 5: Erpressen und hoffen.
- Phase 6: Stagnieren oder gehen.

Phase 1: Es fängt mit dem Sex an. Die Körper haben Freude aneinander. Es läuft gut. Die Chemie stimmt.

Phase 2: Die Gefühle fangen an zu vibrieren, mitzuschwingen, sich einzuklinken, einzurasten und nicht mehr wegzugehen.

Phase 3: Das nächste Date wird das Zentrum des Lebens für eine Geliebte. Sie wartet auf ein Zeichen und hofft auf das nächste Zusammenkommen.

Phase 4: Das Warten wird zum Leiden. Selbstabwertungen, Gedanken- und Gefühlsmartyrien entstehen. Gefühle wie Eifersucht, Neid, Hass, Abwertung etc. dominieren. Die Frau hofft, dass sie die Nummer eins für ihn wird.

Phase 5: Die Frau fängt an, den Mann zu erpressen. Sie will ihn ganz. Die Erpressungen können emotionale sein oder verbale. Sie kann ihn mit anderen Männern eifersüchtig machen, sie kann ihm die kalte Schulter zeigen, sie kann ihn beim Sex abweisen, von ihm verlangen, dass er seine Frau verlässt etc. Dabei hofft sie, dass ihn dies dazu bewegt, die Seiten zu wechseln.

Phase 6: Die Frau findet sich mit ihrer Nummer zwei ab, oder sie hat genug und verlässt ihn ganz.

Brutale Position!

Liebe Leonies auf dieser Welt, hier kommt eine brutale Wahrheit, die niemand gerne hört: Du hast die Nummer zwei auf dem Rücken! Seine Frau ist die Nummer eins. Sie war die Erste in seinem Leben. Sie hat den Jackpot geknackt, ihre Position untermauert mit Kindern, mit Finanzen, mit Erfolgen. Die Ehefrau ist in seiner Welt die Frau an seiner Seite. Und nicht du.

- Wenn in diesem Nummer-eins-System etwas ansteht, hat es immer Vorrang.
- Wenn sie oder die Kids krank werden, dann wird das Date mit dir gestrichen.
- Geburtstage, Jahrestage, Tourniere, Jubiläen, wichtige Meetings oder Anlässe gehen vor. Du hast das Nachsehen.
- Wenn Familienurlaube, Kindergeburtstage, Ostern und Weihnachten anstehen, dann schaust du in den Mond.

Du hast die Zahl zwei gezogen. Das heißt, du hast das Nachsehen. Du kommst einfach an zweiter Stelle, auch wenn du dir einredest, dass du während des Schäferstündchens die Nummer eins bist.

> **Du hast die Wahl!**
> Du kannst wählen, wo du sein willst und wie du mit der Nummer umgehst. Es liegt an dir, zu sagen: Ich will die Nummer eins sein, darum ziehe ich ein Haus weiter. Oder: Ich bin mir selbst die Nummer eins, und deshalb ist der Mann bei mir auch die Nummer zwei. Du kannst entscheiden, ob du mit den Freundinnen ins Spa mitgehst oder nicht. Ob der Flug nach London dich mitnimmt oder nicht. Du hast die Wahl, jederzeit

diese Beziehung aufzunehmen, nach deinen Bedürfnissen zu strukturieren oder abzubrechen. Du bist die Chefin über dein Herz! Du kannst genau wie bei anderen Süchten den Fokus wechseln. So, wie du schon zwei Kilo abnehmen konntest, weil du es gewollt hast, kannst du dich auch von einem Mann entwöhnen. Du kannst dich fragen, ob dir die Dates mit ihm Lebensenergie und Wind unter deinen Flügeln bringen oder aus deinem Freude-Reservoir jedes Mal zehn Milliliter abzwacken. Du bist diejenige, die an den Abenden vor dem Rotweinglas die Gedanken lenken kann. Gehen sie in die Richtung, dass du dich abwertest oder aufwertest? Du hast die Wahl.

Die Löwinnen

Ich kenne einige Leonies, die es geschafft haben. Nennen wir sie Löwinnen. Die haben einen Liebhaber. Den treffen sie ab und zu, wenn es gerade für beide Leben gut passt. Denn diese Löwinnen haben klar den Fokus auf ihr persönliches Wohlbefinden (vom Typ her sind das oft die Autonomen, D). Sie machen Sport, treffen ihre Freunde, reisen mit ihnen, machen Urlaub, wechseln den Job, kaufen eine Wohnung oder verkaufen ihren Wohnwagen, sie treffen ihre Entscheidungen nicht nach den Fragen: Wann kommt er wieder? Was würde er dazu sagen? Behindert das die Affäre? Sondern nach diesen: Was will ich? Was tut mir gut? Was möchte ich haben in meinem Leben? Manchmal treffen sie auch andere Männer, gehen auch mal mit einem von ihnen ins Bett. Der Hauptliebhaber ist ihnen zwar der liebste, aber nicht der einzige, nicht das goldene Kalb, um das sich ihr Leben windet. Diese Löwinnen treffen die Wahl stets zu ihren eigenen Gunsten.

Hundertprozentig im eigenen Einflussbereich?

Fakt ist: Solange du dich komplett nach ihm richtest, hast du keine Chance. Du steckst fest. Denn er hat das Sagen, trifft die Entscheidungen, besitzt die ganze Macht. Du bist auf ihn angewiesen. Auf seine Agenda, seinen Zeitplan, seine Präferenzen. Im Coaching haben wir eine gute Beschreibung dafür: Deine Wünsche, Ziele, Visionen liegen nicht hundertprozentig in deinem Einflussbereich. Denn er bestimmt und setzt alle Parameter.

Auch wenn es scheint, dass alles von ihm abhängt – das stimmt nicht! Ihr seid zu zweit im System. Er und du. Er hat seine Wahl getroffen. Akzeptiere sie. Du hingegen kannst an jedem Tag deine Wahl treffen. Du kannst das angehen, was hundertprozentig in deinem Einflussbereich liegt. Du kannst dich also an jedem Tag fragen, was du ins Zentrum stellen willst: seine Bedürfnisse oder deine. Seine Nummerierung oder deine. Seinen Zeitplan oder deinen. Deine Anliegen liegen immer hundertprozentig in deinem Einflussbereich. Du bist frei zu entscheiden, was du willst. Natürlich haben diese Entscheidungen Auswirkungen.

Fragen an dich

- Wie würdest du deiner verstorbenen Großmutter deine aktuelle Situation schildern?
- Was würde sie dir dazu sagen? Stell dir vor, sie würde dich auf der Wolke liegend von oben betrachten.
- Wenn du deine Lebensfreude in einen Tank packen würdest, ist der Tank nach einem Date mit ihm danach gefüllter oder entleerter? Und wie bewertest du dieses Resultat?

- Wenn du deinen Gedanken während des Wartens zuhörst, wie lauten sie? Schreib sie mal mit.
- Angenommen, du hättest Lust, diese Gedanken auf einen anderen Fokus zu lenken, welcher wäre das? Was würde dich unterstützen, diesen Fokus möglichst lange zu behalten?
- Welche Dinge hast du vor der Liebschaft gemacht, die dir viel Freude bereitet haben?
- Gäbe es Möglichkeiten, diese Dinge wieder in dein Leben zu integrieren?
- Angenommen, das Date und das Warten danach wären ein Muster und du würdest es in einzelne Schritte unterteilen – wo fühlt es sich noch gut an, ab wann kippt es um in negative Gefühle? Gäbe es Varianten, einen der Schritte mal anders zu machen? Du kannst dir das gerne aufzeichnen.
- Angenommen, du würdest den Fokus nun ganz auf dich lenken, auf die hundert Prozent eigenen Einfluss, was würdest du da am liebsten als Nächstes machen, was dir guttun würde?

Affirmation

Richte klar den Fokus auf die hundert Prozent des eigenen Einflussbereichs! Hier hast du die Chance für Veränderung. Du hast stets die Wahl, worauf du dich konzentrieren willst.

GUDRUN UND JUDITH – STAGNATION UND LANGEWEILE (D UND C)

Bei diesen zwei Freundinnen zeigt sich die Typologie der Autonomen (D) und der Bewahrerin (C). Beide sind Frauen, die stagnieren und ihre Muster nicht durchbrechen.

Gudrun ist 57 Jahre alt. Die zehnjährige On- Off-Fernbeziehung mit Bastien aus Paris ist vorbei. Seither ist sie Single. Keine Kinder. Kein Mann. Voilà. Damit hat sie sich noch nicht angefreundet. Ihr größter Traum und Wunsch ist es, heißen Sex und eine gute Beziehung mit ein und demselben zu haben. Dazu hat sie eine lange Anforderungsliste erstellt, die mit jedem Leergang und jedem Lehrjahr um einen Punkt aufgestockt wird.

- Er soll körperlich fit sein, am liebsten mit Sixpack.
- Er soll viele Haare haben, am Körper und auf dem Kopf.
- Ein gutes Gesicht, eine attraktive Statur, selbstverständlich größer als sie (sie ist 1,77 m groß).
- Dann soll er Tantra-trainiert sein, das heißt, er kann ihn hochheben, halten und lockern, wie er will.
- Er kann Frauen verwöhnen, zum Schmelzen und zum Jubeln bringen.
- Vom Charakter her soll er sehr männlich sein, dominant, klar, ohne Federlesen, dabei dann ganz speziell bei ihr sein Verhalten in schnurrend sanft, liebevoll, einfühlsam ändern. Aber nur, wenn es gerade passend erscheint.
- Er soll ihr jeden Wunsch von den Augen ablesen, er soll ihr Begehren erkennen, wissen, wie es ihr geht, bevor sie es selbst weiß, also feine Antennen für jeden Windhauch mitbringen.
- Dabei ist er natürlich treu, loyal und, nicht zu vergessen, gut situiert.

- Am liebsten selbstständig, viel beschäftigt, aber doch nicht zu viel, damit er mit ihr jede Menge Zeit verbringen kann, sie in die Oper einladen, mit ihr im Privatjet nach Nizza fliegen kann.
- Den Sommer würden sie in einem seiner zwei Ferienhäuser verbringen ...

Das alles erzählt sie jeden Freitagabend ihrer besten Freundin Judith. Judith verdreht (innerlich) die Augen. Denn eines weiß sie gewiss, so einen Mann gibt es wohl nur auf einem anderen Planeten. Und außerdem, falls es diesen wirklich auf der Erde gäbe, wohnhaft im europäischen Raum, warum sollte er dann Gudrun wollen? Würde sie ihm genauso viele Vorteile bringen wie er ihr? Obwohl groß, ist sie keine Frau, die man eine Schönheit nennen würde. Eher eigenwillig als anschmiegsam, eher kompliziert und anspruchsvoll als eine Frau zum Pferdestehlen. Auch im Bett nicht wirklich eine Bestie, eher vorsichtig, scheu, pflegeintensiv.

Manchmal schleppt Gudrun auch einen ab. Sie findet ihn auf ihren Wandertouren oder im Weinclub. Entweder sieht er männlich verwegen aus (Wandertour), hat dann aber wenig Grips und ist schon verheiratet, oder er ist reich und narzisstisch (Weinclub). Jedes Mal stürzt sie sich voller Vorfreude, nun endlich den heiß ersehnten Jackpot geknackt zu haben, in ihr Abenteuer. Nur, um kurze Zeit später von der herben Enttäuschung zu erzählen. So dreht Gudrun ihre Runden zwischen ihren Versuchen und Träumen. Die Distanz zwischen der Realität und ihrem größten Wunsch wird immer größer. Sie steckt offenbar fest in diesem Muster.

Der Null-Blick

Frauen berichten davon, sie seien eines Tages einfach unsichtbar geworden: Dieser schweifende Blick eines Mannes, der sich, genau wie der Leerlauf der Gangschaltung, bei ihrem Anblick auf blind stellt. Der Null-Blick der Männer kann Frauen ins Irrrelevante, Nichtexistierende wegkatapultieren. Viele Frauen glauben, dass eine Frau in voller Lebenskraft, verbunden mit ihrer Energie und ihrer Selbstsicherheit, vor so einer Auslöschung bis ins hohe Alter gefeit sein müsste. Irrtum! Denn der Hebel für diesen Null-Blick liegt in Männerhand. *Er* hat den Steuerungsknüppel in der Hand, und der funktioniert nach *seinem* Schema. Leider liegt eine Veränderung der Situation zu null Prozent in deinem Einfluss. Es gibt nur eines: den Umgang mit dem Null-Blick zu lernen und zu erkennen, dass die Männer, durch deren Raster man fällt, auch bei einem selbst durchs Raster fallen.

Gudrun – Autark in der Eigenwelt

Wie soll Judith das alles nun Gudrun erklären? Das ist sowieso Judiths größte Not: Gudrun ist sehr eigen, stets überzeugt, dass sie in allem recht habe. Sie lässt sich auch von Zahlen und Fakten nicht vom Pfad abbringen, hat ihr Ziel vor Augen und sieht nicht mehr nach links oder rechts. Dass sie auf ihrem Weg auch manche Leiche hinterlässt, ist ihr nicht bewusst, und falls man sie darauf anspricht, weist sie jede Verantwortung von sich. Denn wenn mal einer auftaucht, den sie nicht will (zu klein, zu schlecht situiert, zu unsportlich), lässt sie diesen elendig absaufen. Sie bestraft ihn mit genau diesem Null-Blick, wird Judith auf einmal klar.

Im Beruf ist Gudrun eine gnadenlose Führungsperson. Wer bei ihren Projekten versagt, wird versetzt. Wer nicht performt, gefeuert. Judith hat sich an manchen Abenden schon vorgestellt, dass Gudrun die perfekte Auftragskillerin abgeben würde. Ihre brillante Intelligenz würde ihr immer wieder aus der Patsche helfen. Sie hätte kein schlechtes Gewissen und wäre unempfindlich dafür, wenn der Ermordete eine Familie hätte. Diese Gedanken kamen ihr insbesondere dann, wenn Gudrun einmal mehr ihren Geburtstag vergessen hatte. Oder es ausließ, nachzufragen, ob sie wieder gesund sei, nachdem Judith wegen schwerer Grippe den Freitag hatte absagen müssen. Sie fragte sich dann, ob es Gudrun überhaupt interessiere, wie es ihr ging. Oder ob sie einfach ein Abhörgefäß sei für ihre ewig um das gleiche Thema kreisenden Gedanken. Sie fragte sich dann, ob Gudrun sich überhaupt in jemanden anderen einfühlen könne.

Jetzt, während Gudrun ausufernd erzählt, scheint sie Judith weltfremd, obwohl sie doch eine gestandene Managerin ist. Alles, was mit Beziehungen und Menschen zu tun hat, geht sie rein rational, strategisch, zielführend an. Deshalb ist sie erfolgreich in ihrem Job.

Gudrun – Selbstbezug bis zum Narzissmus

Die gemeinsame Frauenreise nach Venedig, die sie zu Ehren von Gudruns fünfzigsten Geburtstag zusammen unternommen haben, steckt Judith noch unangenehm in den Knochen. Gewohnt, dass man aufeinander Rücksicht nimmt, war sie erschüttert über Gudruns Verhalten. Diese lief in ihr gemeinsames Hotelzimmer und beschlagnahmte ohne Absprache das Doppelbett, während sich Judith auf der Couch einrichtete. Es war gut 35 °C heiß in dem Zimmer. Wenn Gudrun eine Pumpgun gehabt hätte, hätte sie wohl die Klimaanlage abgeschossen, in Ermangelung einer Waffe zog sie einfach den Stecker raus.

Sie vertrage Kälte nicht, Klimaanlagen förderten die Entzündlichkeit ihrer Stirnnebenhöhlen, meinte sie dazu, als Judith sie schweißgebadet und nach schlafloser Nacht nach dem Grund des gezogenen Steckers fragte. Nein, eine weitere Reise zum sechzigsten Geburtstag würde sie zu verhindern wissen, das war ihr nach den ungemütlichen drei Tagen mit Gudrun klar geworden. Diese war unfähig, sich auf jemand anderen einzustellen.

Judith – Dauergeparkt in der Ehe

Judith starrt Löcher in die Decke. Meist am Morgen beim Frühstück neben Horst. Dann beim Mittagessen in die Zeitung. Dann beim Abendessen neben Horst. Nur am Freitag, da starrt sie in die Augen von Gudrun. Judith ist verheiratet, sie weiß nicht mehr, wie lang schon, aber definitiv zu lang. Ihre Kinder sind erwachsen und tummeln sich auf anderen Kontinenten herum. Ab und zu kommen sie nach Hause, dann gibt es Freudentränen in Judiths Augen und dann wieder Tränen vom Abschiedsschmerz. Damit die Augen auch noch etwas anderes sehen als Horst, bei dem es nichts anderes zu erblicken gibt als einen fleißigen Bankangestellten, der durch noch mehr Fleiß versucht, sein Abschieben zu verhindern, hat sie sich pro ins Ausland verschwundenem Kind einen Hund angeschafft. Das ist nun ihr wahres Leben. Hier kommt Bewegung hinein. Die Schwänze wedeln, die Augen leuchten, die Mäuler bellen, sabbern und küssen. Sie sind ungestüm, wild, lebensfroh. springen umher, werfen Horsts sorgfältig aufgebaute Zeitungsstapel um, springen den Bällen nach. Und wenn sich Judith dabei erwischt, wie sie das Futter der zwei Toy-Pudel lieber herrichtet als das Essen für Horst, kommt es ihr in den Sinn, dass all das keinen Sinn mehr ergibt.

Doch wozu etwas ändern? So enden wie Gudrun? Die starrt jedem Mann hinterher und fragt sich, ob er der verkappte Prinz sei, sonst starrt sie zu Hause ihre Wände an und malt sich eine schöne Zukunft aus. Sie will nicht so werden wie sie! Was soll schon anders werden, wenn sie Horst verlassen oder betrügen würde? Ein bisschen Sex, ein bisschen Abenteuer? Ach was, es ist doch gut so. Sagt sie sich sicher zehnmal am Tag.

Flucht in Tagträume

Genau wie Gudrun träumt auch Judith ihre Tagträume. Wenn sie ganz ehrlich ist, dann ist sie kein bisschen besser. Im Unterschied zu Gudrun hat sie jedoch den Jackpot geknackt. Denn ihr erfundener Traummann ähnelt meist irgendeinem Bekannten, den sie irgendwo und irgendwie kennengelernt hat. Sagen wir, ihr momentaner innerer Ken sieht genauso aus wie Thomas vom letzten Hundeerziehungskurs. Er ist bei ihr, geht mit ihr und den Hunden spazieren, hält dabei ihre Hand und bringt sie zum Lachen. Wenn sie zurückkommt, begleitet er sie ins Badezimmer. Seine Augen beginnen zu glänzen, während sie sich auszieht. Er flüstert ihr ins Ohr: »Du siehst wunderhübsch aus, zeig mir alles, ich möchte dich bewundern. Ich möchte dich berühren.« Und während ihr der heiße Wasserstrahl den Rücken wärmt, wärmen ihre Hände andere Körperteile. In ihren Gedanken gehören diese Hände Thomas, er ist sehr zärtlich, er weiß genau, was ihr gefällt.

Das nächste Mal, wenn sie Thomas im Kurs sieht, ist sie etwas verlegen. Ihre Badezimmernummer lässt sie erröten. Ein anderes Mal stellt sie sich vor, wie er sie nach Hause fährt. Auf dem Rücksitz liegen ihre Hunde gemeinsam in friedlichem Schlaf, und wie stolze Eltern würden sie alle Lernerfolge der

Tiere aufzählen. Dabei würden sie sich verliebt und verschmitzt anschauen, Thomas würde sie an sich ziehen, sie zuerst zärtlich, dann fordernder küssen. Seine Zunge würde nicht nur die ihre berühren, sondern auch mit dem Lippenband spielen, dann zum Ohr wandern, dieses sanft penetrieren, dann den Hals hinunterfahren.

Je nach Laune würde sie dieses Szenario erotisch beenden, ins Romantische kippen lassen mit Liebesschwüren und Heiratsanträgen, oder auch mal etwas herber und versauter werden. So lässt sich das Leben neben Horst aushalten. Mit Ken, mit Thomas und anderen Wunschmännern.

Du hast die Wahl!

Frauen wie Gudrun und Judith stecken vermeintlich fest. In ihrem Leben, in ihren Mustern. In ihrer Beziehung oder in ihrem Single-Dasein. Doch sie haben die Wahl!

Sie haben die Wahl, ob sie dieses Leben noch möchten oder ob sie es verändern wollen. Sie haben die Wahl, ob sie ihren Zustand ganz verlassen oder mit dem Innenausbau beginnen wollen. Sie können die großen Dinge angehen oder die kleinen. Sie können ihre Realität gründlich untersuchen oder weiterträumen und hoffen.

So könnte Gudrun ihre Checkliste an die Realität anpassen. Denn Peter, der sich für sie sehr interessiert, ist zwar gleich groß wie sie, aber sehr nett, interessant und auch sportlich. Sie könnte auch aus dem Weinclub austreten, denn Wein mag sie überhaupt nicht. Und stattdessen dem Lesezirkel beitreten – nicht, um Männer kennenzulernen, sondern weil sie verliebt in Bücher ist und diese Begeisterung mit anderen teilen möchte.

Judith könnte sich fragen, welche Wünsche sie noch im Leben hat und ihre Kinder im Ausland besuchen, eine Ausbildung im Rettungsdienst Hundestaffel absolvieren, im Schulhaus des Dorfes als freiwillige Begleiterin von Ausflügen und als Pausen- und Mittagstischaufsicht arbeiten, denn Kinder haben es ihr ebenso angetan wie Hunde. Sie kann Horst einmal wöchentlich ins Kino schleppen oder sich einen Vibrator kaufen. Es gäbe viele Möglichkeiten für die großen oder kleinen Dinge.

Fragen an dich

- Was möchtest du wirklich im Leben?
- Was tust du aktuell dafür?
- Was lässt du sein, und welchen Preis zahlst du fürs Seinlassen?
- Wie realistisch bist du mit deinen Träumen? Wie könntest du sie an die Realität anpassen?
- Was macht dir Freude, was hundertprozentig in deinem Einflussbereich liegt?
- Was davon kannst du ganz leicht in die Realität umsetzen?
- Welche große innere Veränderung bräuchte es, damit das Leben sich anders anfühlt?
- Welchen Preis würdest du dafür zahlen?
- Welche Vorbereitung müsstest du dafür treffen? Wer müsste dich dabei unterstützen?

Affirmation

Dein Leben darf dir Spaß, Freude und Erfüllung bereiten. Du hast ein Recht darauf, dass die Tage in deinem Leben Sinn ergeben und dich befriedigen.

TEIL 2

Diagnose der Beziehungsvarianten und Wahlmöglichkeiten

Amanda, Franzi, Leonie, Gudrun und Judith. Sie alle haben einen auf unzufrieden gestellten Beziehungsstatus. Warum eigentlich? Wie ist es dazu gekommen? Wir wollen uns nochmals dem Orientteppich zuwenden: Wenn wir uns die Vorderseite (Typologie nach Riemann) und die Rückseite (Systemtheorie) genauer ansehen und dann die Kombinationsmöglichkeiten mit einem Partner untersuchen, können wir erkennen, wo es in Beziehungen Herausforderungen und wo Chancen geben kann.

DIE LOCHKARTE

Zur Erinnerung: Fritz Riemann hat 1961 ein tolles Buch mit dem Titel *Grundformen der Angst* geschrieben, das schon mehr als eine Million Mal verkauft wurde. Natürlich ist das Werk geprägt von den psychotherapeutischen und tiefenpsychologischen Ansätzen, die damals vertreten wurden. Jedoch sind die Grundaussagen hilfreiche Ideenspender, um mehr über sich und andere zu erfahren.

Die Erde besteht aus vier Grundkräften: Sie kreist um die Sonne und rotiert um sich selbst. Auf der Erde herrscht die Gravitation, aber auch die Fliehkraft. Diese vier Naturgegebenheiten überträgt er auf die Menschen.

	Fliehkraft Die Abenteurerin (A)	Es gibt Menschen, die sich verändern wollen, die Flügel ausbreiten und fliegen.
	Schwerkraft Die Bewahrerin (C)	Es gibt Menschen, die zur Schwerkraft neigen und alles bewahren wollen.
	Fremdumkreisung Die Fürsorgerin (B)	Es gibt Menschen, die kreisen um die Sonne (um einen anderen Menschen).
	Eigenumkreisung Die Autonome (D)	Es gibt Menschen, die drehen sich um sich selbst.

Aus dieser Grundstruktur lässt sich das Bedürfnis dieser Menschen ablesen, aber auch ihre größte Angst.

Dieses wunderbare Modell möchte ich gern um *neuere, aktuellere Erkenntnisse und Forschungsergebnisse* zu menschlichem Verhalten ergänzen. Die folgende Theorie, ich nenne sie die Lochkarte, empfinde ich als hilfreich, unterstützend und menschenerklärend.

Gerald Hüther, ein deutscher Neurobiologe, beschreibt in seinem Buch *Die Macht der inneren Bilder,*[9] wie wir Menschen entstanden sind. Ich finde die Geschichte fantastisch, und seit ich sie und ihre Auswirkungen kenne, bin ich sehr entspannt bei

Coachings, beim Unterrichten und beim Hören der Erzählungen von Freunden. Dir soll sie die Augen öffnen über dich, über deine Wahrnehmung und dein Strampeln um Lösungen. Ich erzähle diese Story nun so, als wenn ich dich bei einem Feierabenddrink kennengelernt hätte. Also locker vom Hocker. Wissenschaftliche Details darfst du dir im Originalwerk gern dazuholen.

Ein wahnsinnig wichtiger Moment für unsere Lebensgeschichte ist unsere erste Zellteilung (kannst du dich noch erinnern?). Die passiert nämlich nach einem bestimmten *Muster*. Sobald die erste Zelle glücklich geteilt ist, braucht es für die Herstellung eines kleinen Menschen nochmals ein paar Millionen Zellteilungen. Das weiß die Natur. Sie ist sehr pragmatisch. Sie ist darauf ausgerichtet, nur Gelingendes weiterzuverfolgen. (Bei meinen zwei Fehlgeburten musste ich das schmerzlich begreifen, dass die Natur Fehlerhaftes verwirft und neu starten will.)

Die erste Zellteilung ist also geglückt. Es stehen noch ein paar Millionen weitere an, also wird das Rad nicht bei jeder Teilung neu erfunden. Die erste Teilung wird als Vorlage genommen und nun kopiert. Viele Millionen Male. Somit wiederholen sich die Zellteilungen immer wieder nach dem gleichen Muster, bis der Mensch vollendet ist. Sprich, jeder von uns besteht aus *einem Muster*.

Ich möchte dir das anhand eines Bildes erklären. Stell dir eine Lochkarte vor. Also eine längliche Karte mit Löchern drin. Große und kleine. Ganz individuell verteilt. Ganz gemäß deinem Muster der Zellteilung. Das ist nun dein Code. Deine persönliche Lochkarte. Dein Muster. Deine Lochverteilung, die von nun an alles prägt.

Gedankenspiel: Die Zwillingsschwestern

Angenommen, du hättest eine Zwillingsschwester. Die hat nun eine ganz andere Lochkarte, denn ihr habt euch nicht in der gleichen Hundertstelsekunde zellgeteilt.

Also du bist nun so eine Lochkarte und hast kleine und große Löcher. Du wirst geboren, und die ganze Welt mit ihren Millionen von Gigabyte Sinneseindrücken prasselt auf dich ein (Einfachheitshalber lassen wir pränatale Einflüsse weg). Nein, nicht ganz! Es geht nun so: Da, wo du ein Loch hast, spürst du die Impressionen, da, wo du keines hast, merkst du nichts von allem.

Also du kommst auf die Welt und hast ein großes Loch in Bezug auf Temperaturunterschiede. Du merkst die Kühle und weinst. Deine Zwillingsschwester kommt dreißig Minuten später auf die Welt und weint auch. Aber nicht wegen der Temperatur, sondern wegen des gleißenden Lichts im Gebärsaal. Sie hat offenbar ein anderes großes Loch als du selbst. Wir spinnen diese Geschichte nun in Fünfjahresstiefeln weiter.

- Die Kindergärtnerin erklärt euch, dass ihr die Scheren nach der Benutzung zurücklegen sollt. Du hast dafür ein Loch und machst das brav. Deine Schwester hat keines und bekommt Schelte.
- Die Lehrerin erklärt Multiplikation. Deine Schwester begreift das sofort, sie hat ein mathematisches Loch. Du verstehst die Zahlenwelt nicht.
- In der Lehre geht es darum, pünktlich zu erscheinen. Das ist für dich kein Problem. Du hörst den Wecker, magst den Morgen, redest wie ein Wasserfall. Deine Schwester hat schon drei Verwarnungen.
- Du kleidest dich gerne modisch, hast immer ein Auge auf die aktuellen Frühlings- und Herbstfarben. Deine Schwester trägt

Schwarz. Jahrein und jahraus das gleiche Modell schwarze Hosen mit schwarzem T-Shirt.
- In der Liebe geht es darum, glücklich zu sein. Du nimmst die Liebesbekundungen deines Freundes aktiv wahr. Deine Schwester findet offenbar immer nur den Falschen.
- Du wirst Kindergärtnerin, weil dir Kinder sehr am Herzen liegen. Deine Schwester wird Programmiererin und arbeitet vor allem nachts.

Hast du das Prinzip verstanden? Da, wo ein Loch bei dir ist, da fallen alle Impulse der Umwelt hinein. Da, wo keines ist, passiert bei dir nichts. Und so ist es mit deiner fiktiven Schwester. So ist es bei allen Menschen: Wo ein Loch ist, gehen Informationen durch. Da wo keines ist, prallt alles ab.

Löcher stanzen – Chancenlos?!

An dieser Stelle regt sich bei den meisten (hoffentlich) der erste Unmut. Was heißt das nun? Wir werden als Lochkarte geboren (als Gravitätslochkarte oder als Fliehkraftlochkarte) und sterben damit? Kann man keine Löcher in Lochkarten stanzen?

Doch, doch, man kann stanzen. Jetzt halt dich fest, es kommt eine erste schockierende Meldung! Du kannst stanzen. *Aber nicht beim anderen!* Wenn du also denkst, dein Mann sollte unbedingt ein Loch für Sauberkeit haben oder für modische Kleidung, dann kannst du das vergessen. Dein psychosoziales Langzeitprojekt, ihm dort das Loch zu stanzen, kannst du genau in dieser Sekunde stoppen. Stanzen ist zwecklos! Du gewinnst an dieser Stelle jedoch viel Zeit. Denn wenn du all diese Projekte einstellst, hast du viel mehr Energie für anderes. Dazu gehört auch, der Freundin beizubringen, dass sie nicht immer die gleichen Idioten mit ins Bett nehmen soll, dem pubertären Sohn beizubringen, dass man eine sorgenvolle Frage per WhatsApp »Geht es dir gut?« gefälligst innerhalb von 24 Stunden beantworten soll. All das kannst du einstellen.

Aber Löcher bei dir selbst stanzen, das geht. Denn du hast die Wahl. Du hast also auch die Wahl, deine Lochkarte zu ändern und die Löcher dort zu stanzen, wo du welche brauchst. Du hast die Wahl, den Beziehungsstatus von unzufrieden auf zufrieden anzupassen! Aber nicht beim anderen, sondern nur bei dir selbst. Du kannst nur dich und deine Situation verändern, nicht den anderen! Deine Handlungen müssen zu hundert Prozent in deinem Einflussbereich sein. Dann kann das klappen. Wenn du willst, dass andere sich verändern, dann kannst du hoffen, warten, beten und wirst ziemlich sicher enttäuscht werden.

Gute und schlechte Nachrichten zum Lochkartenmodell

Schlechte Nachricht: Stanzen kannst du nur bei dir. Wenn dir also Löcher fehlen, und niemand stanzt, dann schau in den Spiegel und sag dir »Hey, wir brauchen hier ein Loch. Auf geht es.«

Gute Nachricht: Du kannst dir so viele Löcher stanzen, wie du willst, es gibt kein Limit.

Schlechte Nachricht: So einfach ist es auch wieder nicht. So ein Muster, das wir nun dreißig, vierzig, fünfzig Jahre gelebt haben, lässt sich nicht so einfach durchbrechen. Es braucht einen bewussten Akt für die Musterunterbrechung, und zwar *immer wieder*. Stell dir das so vor, als würdest du einen Brief zur Post bringen wollen. Diese liegt nicht direkt auf deinem Arbeitsweg. Wenn du dir nicht willentlich und achtsam vornimmst, vorn bei der Ampel anstatt rechts links abzubiegen, um zur Post zu gelangen, wird es nicht geschehen. Wenn du dich jedoch auf den anderen Weg konzentrierst, wirst du die Abzweigung nehmen. Und wie bei jedem neuen, ungewöhnlichen Gang, wird der Brief wohl immer wieder mal nicht bei der Post landen. Es wird also Ehrenrunden im alten Muster geben. Sei dann bitte freundlich mit dir. Das ist ganz normal.

Gute Nachricht: Sobald du einige Male links abgebogen bist, beginnt sich in deinem Hirn ein neuer Trampelpfad, dann ein Schotterweg, dann ein kleiner Weg etc. zu bilden. Daraus könnte sich sogar eine Autobahn entwickeln. Wer noch einen wissenschaftlichen Namen braucht für diese Theorie: Das nennt sich *Konstruktivismus.* Das heißt, wir konstruieren uns unsere Welt selbst.

Puderzuckerlandschaft

Nehmen wir an, sämtliche Informationen dieser Welt auf allen Sinnesebenen hätten die Form von Puderzucker, dann würde die Welt permanent Puderzucker auf deine Lochkarte streuen. Wenn du diese horizontal vor dich hinhältst, dann rieselt Puderzucker da durch, wo es ein Loch gibt. Da, wo keins ist, kommt logischerweise nichts durch. Mit der Zeit bildet sich unter deiner Lochkarte eine Puderzuckerlandschaft. Große Berge unter großen Löchern, kleine Berge unter kleinen Löchern, der Rest bleibt flach.

Verrückt! Diese Puderzuckerlandschaft nennst du die Wirklichkeit. Deine Puderzuckerlandschaft ist deine Wahrheit. Und die verteidigst du auch auf Leben und Tod. Denn du glaubst an sie. (Woran denn sonst!) Wenn du also mit deinem Partner ins Kino gehst, dann sitzen zwei Lochkarten in den Sesseln und werden vom gleichen Medium mit Schall und visuellen Wellen berieselt. Wenn ihr euch danach über den Film und die gleiche Szene darin unterhaltet, redet er von der Kraft des Pferdes und du von den lieblichen Worten der Königin. Gleiche Informationsquelle, verschiedene Löcher, andere Puderzuckerlandschaft, unterschiedlicher Fokus.

Nun hast du also eine Erklärung dafür, wenn du jemanden wirklich gar nicht verstehst, ihn sogar als Lügner und Betrüger wahrnimmst, der die Dinge verdreht. Wahrscheinlich war es für ihn genauso, wie er es beschreibt. In seiner Lochkarte ist diese Version der Geschichte die Wahrheit und die Wirklichkeit. Das heißt nun für dich und deine Partnerschaft, dass jede Ansicht wohl für die jeweilige Lochkarte stimmt. Dass jeder recht hat und dass es übrigens das Wort »objektiv« gar nicht gibt. Wir sehen die Dinge subjektiv, und unsere Wahrheit, unsere Wirklichkeit (Puderzuckerlandschaft) empfinden wir als die einzige Möglichkeit. Wenn dein Partner also eine Krise bekommt, weil er die Wohnung als unaufgeräumt empfindet, dann kannst du ihm das nicht ausreden. Für dich ist sie blitzblank und ordentlich, für ihn ein Saustall. Wenn dein Partner felsenfest davon überzeugt ist, dass er dich mit Liebesbeweisen überschüttet und du bei jedem Freundinnentreffen über die emotionale Armut in eurer Beziehung jammerst, dann gibt es diese Lochkartendiskrepanz: Jede/r hat recht.

Fragen an dich

- Wo habe ich große Löcher?
- Wo möchte ich noch Löcher haben?
- Was kann ich von diesem Lochkartenmodell für mich gut brauchen?

- Welche Löcher habe ich bei anderen zu stanzen versucht?
- Wo könnte ich in Zukunft sagen: »Du hast recht (in deiner Lochkarte)«?
- Wenn du das Gefühl hast, du steckst in deinem Leben fest, dann wird das von welchen Löchern beeinflusst?

Systeme haben Auswirkungen!

Ein System umfasst eine beliebige Anzahl von Menschen. Diese haben sich aufgrund eines gemeinsamen Rahmens, einer Übereinkunft zusammengeschlossen und folgen Regeln oder Regulierungsmechanismen, die aufgestellt wurden. Diese Regeln dienen dem Überleben des Systems und dem Fortbestand der Gruppe.[10]

Wir alle kennen diese Systeme und bewegen uns in sehr vielen davon. Das bekannteste ist sicher das Familiensystem. Du wirst als Kind von Eltern in ein System hineingeboren, da gibt es Regeln und Regulierungen. Denen hast du zu folgen. In der Zwillingsschwesterngeschichte hörten wir vom Kindergarten (ein System, in dem andere Regeln gelten als zu Hause), von der Schule (nochmals andere Regulierungen), von der Lehre, von neuen Freundschaften. Es kann also sein, dass deine Schwester die Schere nicht brav zurücklegt. Das wird sanktioniert. Sie wird ausgeschimpft. Sie lernt also, wenn ich nicht gehorche, dann ist die Kindergärtnerin böse mit mir. Das will ich nicht, also lege ich die Schere zurück. Sie hat immer noch kein Loch für Ordnung, aber sie passt sich an.

So lernen wir im Lauf der Zeit pro System neue adaptierte Verhaltensweisen und können deshalb viel mehr, als Riemann in seinem Buch *Grundformen der Angst* beschreibt. Wir haben uns in Systemen aufgehalten, wo Fremdumkreisung, Eigenumkreisung, Fliehkraft und Schwerkraft gepredigt, gelebt und auch sanktioniert wurden. Also gehe ich davon aus, dass wir nicht einfach ein Typ nach Riemann *sind*, sondern uns je nach Situation, je nach System wie einer dieser Typen *verhalten*.

AMANDA – BEFREIUNG DURCH PSEUDOREALITÄTEN (A)

Amanda sprintet durch ihre Liebschaften und fühlt sich sehr lebendig. Sie nimmt ihr Doppelleben in Kauf, denn ein monogames Leben in tödlicher Langeweile bedeutet für sie Gefangenschaft pur.

Die Abenteurerin (A)

Fritz Riemann beschreibt einen Menschentyp in seinem Buch *Grundformen der Angst*, der in sich die Fliehkraft trägt. Er beschreibt diese Form als grenzsprengend. Ich werde also im Folgenden Aspekte dieses Typs beschreiben und lade dich ein, dir das einfach mal »anzuhören«, sprich anzulesen, um dir dann dein eigenes Bild davon zu machen.

Du kannst dir dabei einen Regler vorstellen. Wenn jemand gerne Eis isst, dann hat er nicht jeden Tag Heißhunger auf Eiscreme. An gewissen Tagen möchte diese Person alle Eisdielen der Stadt plündern (sie befindet sich auf dem Regler beim Maximum), und an anderen Tagen braucht sie nicht mal einen einzigen Schleck. So wandern auch wir auf diesen Reglern umher. Und natürlich beschreibe ich im Folgenden die krasseren Versionen, damit wir den Typ überhaupt erst mal erfassen. Also werde ich zuerst die Eisdielenneurotikerin beschreiben, damit wir bei uns erkennen können, ob wir wohl in die Abteilung Eiscremefans gehören, die auch gut und gern mal drei Stück Eis am Stiel verschlingen können.

Amanda ist eine Frau, die alles liebt, was neu und unbekannt ist. Sie hat Freude am Abenteuer, am Reiz des anderen und Neuen und liebt es zu reisen. Sei es, ihre Freunde im nahen Umfeld zu besuchen, sei es, die Nachbarländer unter die Lupe zu nehmen, sei es, die Welt zu erkunden. Sie ist also nicht nur eine Abenteurerin (A), sie sprengt in ihrer Extremform alle Einschränkungen fort, überschreitet jede Grenze und will sich ausdehnen.

Etwas, das Amanda nicht bewusst weiß, aber immer wieder spürt, ist ihre Angst vor allen Barrieren, die ihre Freiheit begrenzen, sie hat Angst vor der Endgültigkeit und der Notwendigkeit. Geparkt zu sein in einer Ehe, die nicht mehr lebt, sondern nur noch schwach atmet, wo keine Veränderung und kein Freiheitsgefühl mehr spürbar sind, raubt ihr jeden Glauben an die Liebe, zerstört im Nu jede Idee von Moral und Ehrenkodex. Der einzelne Tag zählt, all die Chancen, die sich da zeigen, die Vielfalt der Optionen ist wichtig. Fehlende Wahlmöglichkeiten, Einheitsbrei und immer gleiche Abläufe tagein und tagaus sind ihr ein Graus.

Amanda möchte also ein Gefühl von Freiheit erleben. Immer wieder! Sie will lieber frei sein *von* etwas als frei sein *für* etwas. Amanda möchte frei sein, ins Bett gehen zu können, mit wem auch immer sie will, um sich lebendig zu fühlen. Sie erlebt so etwas wie ein Durchatmen, wenn sie die Küsse von Michael auf ihren Lippen spürt, denn damit sprengt sie jede Routine weg. Oskar und sein Lamentieren werden nur noch eine Option, er verliert in genau diesem Kussmoment seine Vormachtstellung als Einzelposition in ihrem Leben. Sie ist wieder frei. Carlos mitgerechnet, gibt es nun bereits drei Liebeskonstellationen, zwischen denen sie auswählen kann. Das braucht sie, um sich gut zu fühlen.

Welten erfinden wie Pippi Langstrumpf

Amanda kann etwas hervorragend: Sie bastelt sich ihre eigenen Realitäten. Wie Pippi Langstrumpf erfindet sie sich ihre Fantasiewelt. Sobald sie diese erschaffen hat, kann der Bau der Tunnels zur Realität gestartet werden, in welchem sie immer wieder vor Oskar und seiner Rigidität flüchten kann. In diesen verschiedenen Universen bewegt sie sich sicher hinein und hinaus und hat dabei null schlechtes Gewissen. Denn es ist ganz klar: Sie *braucht* diese Weltenerweiterung, sonst geht sie ein wie eine Pflanze ohne Regen. Und weil sicherlich niemand ihren Tod will, ist dies die Berechtigung für diesen Umbau der Realität.

Frauen wie Amanda können also überall Hintertüren einbauen. Sie können Naturgesetze wie Ursache und Wirkung neu definieren und stretchen alle Regeln und Vorgaben zu ihren Gunsten. Sie schließen die Augen vor allem, was fix und vorgegeben ist, wie Konventionen, Altern, der Tod, Geschlechterrollen etc. und erfinden sich ihre eigene Welt. Sie können also sehr gut Umstände relativieren, Vorfälle bagatellisieren und Wichtiges einfach übersehen. Vorschriften werden also entweder gesprengt oder umbenannt in andere Regeln. Amandas versuchen, sich ihnen zu entziehen, auszuweichen oder sie nicht anzuerkennen. Damit schaffen sie sich Freiheit. Klar, es ist eine Scheinfreiheit. Aber für sie fühlt es sich echt an.

Amanda hat sich zur realen Welt mehrere Pseudorealitäten hinzugebaut. Leider passieren in jeder ihrer neuen Welten wieder neue Freiheitsbeschneidungen. Sie muss also überall nicht so genau hinschauen, sich die Dinge schönreden, sie braucht immer mehr und schneller den Wechsel in die andere Welt, um sich von der vorherigen zu erholen und sich kurz im neuen Aufenthaltsraum frei und wohlzufühlen.

Der Krug geht zum Brunnen

Die Diskrepanz zwischen Realität und Wunschwelten wird immer größer und krasser. Es braucht immer mehr Gummi, um aus Gitterstäben dehnbare Türen zu fabrizieren. Jede Möglichkeit, diesen Wunsch nach Freiheit und nach Bedürfnisbefriedigung zu erfüllen, wird ergriffen. Amandas können Versuchungen schwer widerstehen. Sie halten es nicht aus, Bedürfnisse nicht zu befriedigen oder lange aufzuschieben. Also auf die Eisdielenneurotikerin bezogen wäre das so: Wenn Amanda Lust auf ein Eis hat, dann braucht sie das *jetzt* und *sofort* nach dem Motto: »I want it now, I do not care how.«

Der Wunsch, geliebt und gesehen zu werden, ist übermächtig. Diese Gefühle wollen befriedigt werden. Die Konsequenzen daraus sind egal. Dafür wird sich dann schon eine Lösung finden, aber später, nicht jetzt. Jetzt ist einfach wichtig, dass frau sich frei und geliebt fühlt.

Lügen und betrügen

Amandas besitzen also auch die Gabe, zu schummeln, zu lügen, zu betrügen, mit hoher Kunstfertigkeit und Ideenvielfalt. Sie machen das nicht boshaft und schadenfreudig, sie dehnen nur die aktuelle Realität etwas aus, damit sie den Tunnel für ihre Wunschwelten anbauen können. Genauso, wie sie Richtlinien, Ethik und Moral etwas ausweiten, um es an ihre Pseudorealität anzupassen. Sie wollen dabei niemandem schaden, sie wollen nur sich selbst helfen, ihre Bedürfnisse zu befriedigen.

Natürlich ist dieser Typ Frau auch nicht bereit, Fakten wie Altern zu akzeptieren. Auch hier wird tüchtig gegen die Vorgaben gearbeitet: Kosmetische Mittel, Chirurgie, jugendliche Kleider und übermäßiger Sport sind alles Dinge, die Amandas gern in Anspruch nehmen, um die gnadenlose Wahrheit ihres Jahrgangs zu vertuschen.

Manchmal kann es passieren, dass die Amandas dieser Welt sich so sehr in ihre Augenblickslebendigkeit hineinbegeben, sich ihre eigene Realität so schlüssig zusammenbauen, dass sie für andere unberechenbar werden. Es scheint, als würden sie Rollen spielen, als müssten sie pro erfundener Welt auch ihre Persönlichkeit verändern. Und dabei verlieren sie sich selbst. Es herrschen also eine Rollenvielfalt, eine Persönlichkeitsvielfalt, eine Pseudologik und eine Augenblicksvorliebe.

Amanda in der Liebe

In der Liebe sind die Amandas die Meisterinnen der Erotik. Amanda liebt die Liebe. Sie steigert ihr Selbstwertgefühl. Wird sie geliebt, ist sie wertvoll. Sie möchte diese Liebe intensiv und leidenschaftlich erleben, sich berauschen, verzaubern lassen. Und sie genießt es, wenn sie sich als Frau fühlen kann: weiblich, erotisch, unwiderstehlich; wenn sie Männer scharfmachen kann, wenn sie sich begehrt und sexy fühlt. Deshalb läuft sie oft und gern im kurzen Rock an der Baustelle vorbei. Es gibt ihr Halt, wenn sie als Frau wahrgenommen wird. Es gibt ihr

Wert, wenn sie sich bestätigt fühlt. Je mehr Liebesbeweise, umso wertvoller.

Amanda genießt ihre Macht als Frau, vor allem als sexy Marylin Monroe, die die Männer bezirzt und manipuliert. Also liegt klar auf der Hand: Ein Mann allein reicht nicht, um die unersättliche Gier nach Bestätigung zu stillen. Amanda ist die geborene Seitenspringerin. Sie kann es vielleicht einige Jahre kanalisieren, indem sie sich mit vielen anderen Dingen ablenkt, aber in dieser Zeit lebt sie größtenteils in ihrer Fantasie, wo sie wilde Spiele mit wilden Männern treibt. Irgendwann braucht es nur noch ein kleines Brett, um die reale Welt mit ihrer Fantasiewelt zu verbinden. Eine Begegnung im Zug. Der andere Zuggast in der ersten Klasse und sie. Beide spüren die gegenseitige Anziehung sofort. Sie atmen schneller, der Puls ist bei Amanda zwischen den Beinen spürbar. Sie fängt an zu schwitzen, fummelt in ihren Haaren herum. Einmal berühren sich ihrer beider übereinandergeschlagenen Beine wie zufällig. Sie springt auf und geht aufs Klo, um sich abzukühlen. Als sie die Türe öffnet, steht er vor ihr, er hat auf sie gewartet. Ohne Worte zieht er sie an sich, sie küssen sich, er drängt sie zurück in die Kabine, schiebt ihren Rock hoch. Das Brett ist gelegt. Wunsch- und Fantasiewelt sind real geworden. Amanda lebt gerade eine solche aus.

Sie kennt seinen Namen nicht, er steigt bei der nächsten Haltestelle aus, lächelt ihr nochmals verschwörerisch zu. Und sie beginnt, diesen Vorfall in ihre Realität einzubauen. Ist das wirklich geschehen? Ihren Freundinnen erzählt sie nur den ersten Teil bis zur Toilette. Der zweite Teil wird so berichtet, dass sie es sich gewünscht hätte, aber leider stand da niemand. Mit der Wiederholung dieses Narrativums glaubt sie selbst langsam daran. Das alles ist nie geschehen.

Amandas Aggressionen

Amanda will die Nummer eins sein. Sie möchte gefallen und das quittiert bekommen. Wer ihr also das Rampenlicht verdunkelt, der wird es nicht mehr gut haben mit ihr. Da kann sie ganz andere Seiten aufziehen: Sie kann sich in Szene setzen, mit Imponiergehabe die Aufmerksamkeit zurückgewinnen, rivalisieren und intrigieren.

Wer Amanda ihre Freiheit nimmt, auch der wird nicht gut wegkommen. Nehmen wir an, der Partner habe sich in Sachen Sommerplanung durchgesetzt. Dann ist Amandas gedankliche Reaktion: Ich muss mit dir drei Wochen lang auf den Campingplatz? Okay. Aber dafür starte ich nun ein heftiges Geflirte mit dem einen Typen, um nach den drei Wochen gleich das erste Treffen zu vereinbaren. Das steht mir zu als Belohnung für diesen verdammt langweiligen Sommer. Das ist Amandas Logik: Wer mir die Balance wegnimmt, auf den muss ich nachher keine Rücksicht mehr nehmen.

Leider hatte Amanda es versäumt, Ehemann Oskar zu informieren, dass sie lieber auf eine Kreuzfahrt gehen würde, als im südlichen Frankreich vor dem Wohnwagen den immer gleichen Tag zu erleben. Oskar hatte keine Chance, er wusste von nichts. Amanda denkt, dass sie mit ihren Unmutsbezeugungen doch schon klar und deutlich kommuniziert hätte, dass sie lieber mehr Action hätte während der Ferien. Leider hat Oskar kein Sensorium und Decodiergerät für hochgezogene Augenbrauen und etwas wortkargere Antworten. Er ist im vollen Glauben, dass für Amanda diese Reise so in Ordnung ist.

Beziehungsstatus unzufrieden – die Leiden der Kombinationen

Die Amandas dieser Welt brauchen das Gefühl von Freiheit. Sie müssen frei entscheiden können. Obwohl sie oft offen und ansprechbar erscheinen, haben sie ihre Innenwelten, ihre Fantasieanbauten, in denen sie die Dinge mit sich ausmachen. Wenn ihr Gegenüber auch offen für diese Pseudorealitäten ist, dann tut das Amanda so richtig gut. Jemand, der ihr sagt: »Erzähl mir von deinen Fantasien und Wünschen, ich bin neugierig darauf, ich bewerte sie nicht, ich möchte daran teilhaben.« Wenn der andere es dann noch schafft, darauf einzugehen, dann ist Amanda im siebten Himmel.

Ungenügend und unzufrieden wird der Beziehungsstatus:

- wenn der andere seinen Willen, seine Ratio, seine Vorhaben durchdrückt,
- wenn der andere sich vor allem um sich selbst kümmert,
- wenn der andere Amanda nicht sieht, nicht bewundert, nicht begehrt,
- wenn der andere Regeln, Gesetze, Routinen definiert und sie durchsetzen will,
- wenn der andere sich nichts mehr einfallen lässt, was neu, abenteuerlustig und entdeckungswürdig ist,
- wenn der andere absinkt in Alltag, Gewohnheit und Probleme.

Je nach Ausprägung der Amanda-Eigenschaft hält sie das eine oder andere aus, auch mal ein paar Monate. Ich kenne eine Amanda, die hat das neun Jahre ausgehalten, bis sie sich eingestand, dass sie bei lebendigem Leib im Kühlschrank erfriert vor lauter Non-Resonanz, Langeweile und Routine.

Oskar als Abenteurer (A), Fliehkraft im Zentrum

Du könntest dir auch das gleiche Modell wie dich selbst angeln. Jemand, der genauso in der Fliehkraft unterwegs ist. Dann jettet ihr gemeinsam durch die Welt, erlebt Abenteuer, seid in Weiterbildungen oder in neuen Jobs unterwegs, geht spontan auf Partys und verlasst diese auch wieder, wenn es nicht mehr passt. Das sind anfangs gute Schwingungen zwischen euch. Doch gesetzt den Fall, ihr wollt Kinder, dann wird das sehr schwierig. Wer von euch bleibt nun zu Hause beim Baby? Wer darf auf die Party, ins Theater oder ins Kino, wer darf Freunde treffen, eine Weiterbildung machen oder den Job wechseln? Das gibt viele Verhandlungen, und beide müssen wohl immer wieder mal nachgeben. In diesem Moment fühlen sie sich dann eingesperrt und vom Leben abgeschnitten.

Meist befreien sich Amandas aus ihrem Gefängnis mit einem Seitensprung. Das erlaubt ihnen, ihre Fliehkraft in diesen Momenten der Affäre zu leben, und macht es ihnen möglich, dann wieder in ihr gefühlt eingeschränktes Leben zurückzukehren.

Oskar als Fürsorger (B), Fremdumkreisung im Zentrum

Du könntest dir eine fürsorgliche Version schnappen. Die klingt am verlockendsten. Denn dieser Mann braucht eine Sonne, um die er kreisen kann. Das bist dann du. Oskar vergöttert dich, er liebt dich, er küsst dir die Füße. Er hängt an deinen Lippen, er beklatscht deine Erfolge. Er bewundert dich. Das ist das, was du brauchst.

Doch es kann sein, dass euch seine Angst den Nacken bricht. Weil er eine Todesangst davor hat, nicht geliebt zu werden, will er auch von dir wissen, ob du ihn liebst. Und zwar als Einzigen. Wenn Oskar also deine Innenwelten entdeckt, könnte er sich davon sehr bedroht fühlen. Er könnte rasend eifersüchtig werden, und Eifersucht ist wie ein Gefängnis für dich. »Wohin gehst du?«, »Wen triffst du?«, »Was machst du dort?«, »Wann kommst du heim?« Diese Fragen sind das pure Gegenteil von Flügelausbreiten und Freisein. Du brauchst also einen Sonnenumkreiser mit innerer Gelassenheit und Loslasskompetenz.

Oskar als Bewahrer (C), Schwerkraft im Zentrum

Wenn wir das Riemann-Modell zur Hand nehmen, dann sind Amandas nicht besonders glücklich mit den bewahrenden Männern (oder Frauen), die alles beschützen und konservieren wollen, weil dies das pure Gegenteil von ihrer Fliehkraft ist. Die Schwerkraftpartner sind am Anfang natürlich wunderbar, weil sie alles so geordnet haben: Sie haben die Steuererklärung im Griff, die Frist für alle Eingaben und Zahlungen, sie waschen pünktlich ihre Wäsche und kaufen jeden Samstag groß ein. Ihnen entgeht kein Leerwerden im Kühlschrank, kein Termin und keine Aktion. Für eine Amanda kann das zu Anfang eine Anziehung haben. Endlich jemand, der Struktur in ihr Chaos bringt. Endlich ein Oskar, der einen Rahmen um ihre wunderbare Weiblichkeit baut. An dem sie sich festhalten kann. Der sie beschützt durch sorgfältige, recherchierte und zuverlässige Handlungen. Das kann jedoch ganz schnell kippen, in Unmut über Inflexibilität. Warum kann man nicht mal die Koffer packen und spontan übers Wochenende verreisen? Weil der Samstagseinkauf dann flöten geht. Warum kann Oskar nicht einfach wilden Sex in der Waschküche haben? Weil die Nachbarin kontrollieren könnte, ob der Trockner ausgeschaltet ist. Warum kann Oskar nicht einfach das Sofa kaufen, das so toll flauschig dasteht und einem klar die Botschaft vermittelt: Ich will zu dir? Weil Oskar zuerst heimgehen muss, erstens den ganzen Raum ausmessen, dann eine Skizze zeichnen, ob die Größenverhältnisse stimmen, dann die Farbgebung mit der Umgebung prüfen und zu guter Letzt noch das Budget befragen, ob überhaupt ein neues Sofa drin ist.

Liebe Amanda, diese Art des Menschseins kannst du nicht verändern. Diese Kräfte sind in ihm genauso stark wie deine nach Veränderung, Abenteuer, Weiterentwicklung.

Oskar als Autonomer (D), Eigenumkreisung im Zentrum

Die Kombination mit einem Autonomen kann am Anfang superspannend sein. Da steht er, klar, deutlich, sachlich. Oskar ist intelligent, wortgewandt und realistisch. Er ist überzeugt von sich und seinem Denken. Du findest ihn am Anfang superspannend, und er fällt nicht sofort auf dein Bezirzen herein. Er ist eine harte Nuss, weil sein Verstand und seine Kognition so vieles steuern und all deine erotischen Manipulationen durchschauen und die meisten abwehren können. Du musst dich bei Oskar so richtig ins Zeug legen, denn er hat auf all deine Geschichten und Erzählungen immer eine noch bessere auf Lager, eine fundiertere, eine wissenschaftlich stärker erforschte. Er lässt sich nicht einfach zu unüberlegten Handlungen hinreißen, und wenn, dann weil er es will.

Du merkst, dass sein Fokus auf sich selbst gerichtet ist. Er erzählt dir am Morgen zuerst einmal, wie er geschlafen hat, was er beim Aufwachen so gedacht hat und was er geträumt hat. Wenn du dann auch erzählen willst, steht Oskar auf, blickt auf die Uhr und sagt: »Ich muss los, heute ist Sitzung um 8.00 Uhr.« Wenn du ihn anrufst, dass der Arzt dir eine Lungenentzündung diagnostiziert hat, dann stellt er zuerst diesen Arzt im Speziellen, dann die Medizin im Allgemeinen und dann das Krankenversicherungssystem des Landes infrage und will mit dir darüber diskutieren, ob man nicht die Krankenkasse wechseln sollte. Dabei hättest du dir Anteilnahme und Besorgnis gewünscht. Wenn du Oskar vorschlägst, ins Kino zu gehen, kann er dir einfach sagen: »Oh, keine Lust dazu.« Ohne einen einzigen Wimpernschlag lang zu überlegen, ob er das dir zuliebe machen könnte. Denn in seiner Welt gibt es nur seine Bedürfnisse, seine Gesetze, sein Wissen. Auch ihn wirst du nicht ändern. Nicht mit Weinen, Toben, Bedrohen oder Betteln.

Ein Trost vorab

Erstens sind wir nicht einfach ein Typ. Wir haben nicht nur eine Kraft in uns, sondern meist alle vier Kräfte irgendwo zur Verfügung. Zum Beispiel bewahrt Amanda seit dreißig Jahren ihre beste Freundin Lilly. Sie hegt und pflegt diese Freundschaft und kann sehr wohl Kompromisse machen (B). Dann hat Amanda ein bewahrendes System mit ihren Kleidern und Schuhen. Da entgeht ihr nichts! Nach Farben, Größen und Formen geordnet, findet sie alles im Handumdrehen (C). Wenn es um ihre Kinder geht, dann ist Amanda die Sonnenumkreiserin (B). Die Liebe zu ihren Kindern und ihre Liebe zu ihr sind ihr das Wichtigste und lassen sie auch Oskar in seiner Art aushalten (B). Und wenn es darum geht, im Geschäft ihr Projekt umzusetzen, dann verfügt Amanda durchaus über eine tolle Eigenumkreisung (D) und schert sich einen Dreck um das Wohlergehen und die Meinungen der anderen.

Also – wir *sind* nicht einfach ein Typ. Wir haben eine Vorliebe. Und so ist natürlich die Chance, dass wir ein Gegenüber finden, das aufgeweicht viele Aspekte mit sich bringt, sehr groß. Somit sind auch die Chancen, dass wir uns einigen, finden, verstehen können, sehr viel größer!

Übung: Landkarte der eigenen Freiheit

Weiß dein Partner von deiner Freiheitsliebe? Hast du ihm/ihr erklärt, was du brauchst und willst? Was dir den Wind unter die Flügel bringt und was dich im freien Flug jäh abstürzen lässt?
Hast du deine Wünsche und deine No-Gos formuliert? Auch für dich?
Denn hier solltest/könntest du starten: einmal aufzuschreiben, was dir wichtig und was für dich tödlich ist. Anhand dieser Dinge kannst du eine Landkarte zeichnen, die anderen hilft, sich bei dir zurechtzufinden. Diese Skizze deiner wichtigen Dinge hilft dir auch, Entscheidungen zu fällen: zum Beispiel, ob eine neue Liebschaft geeignet ist, den genügenden Beziehungsstatus zu erreichen und zu halten.

Übung: Check deine Freiheitsnutzung

Wenn du dich beschnitten und eingeengt fühlst, macht das der andere, oder bist du selbst dafür verantwortlich? Sagt dir der andere, dass du nicht auf die Party darfst, oder denkst *du*, dass es mit dem kranken Kind zu Hause einfach nicht passt, wenn du gehst? Dann bleibst du zu Hause und bist sauer auf *ihn,* weil er dir deine Welt einengt mit Daheimbleiben und Versauern. Dabei warst du es, die sich diese Freiheit *nicht* genommen hat. Denn dann müsstest du Farbe bekennen für deine Wünsche und Bedürfnisse und eben auch die Konsequenzen verantworten. Du hast die Wahl, husch, husch in die andere Welt zu fliehen oder einmal kurz stehen zu bleiben und genauer hinzuschauen. Wer will was? Was willst du? Du möchtest auch eine gute Mutter sein. Die Liebe zu deinem Kind ist ebenfalls wichtig. Wenn du nicht zu der Party gehst, ist es in diesem Fall auch eine Entscheidung, das Kind und seine Bedürfnisse (umsorgt zu werden, nicht allein zu sein) ins Zentrum zu stellen.

Emma und Felix

Ich habe eine Frau gekannt, die bei jeder Entscheidung, sich etwas zu gönnen, Gegenwind vom Ehemann kassiert hat. Sie durfte alles machen, aber er zog dabei eine Schnute. Sie ging mit schlechtem Gewissen in die Yogawoche, sie traf abends ihre Freundinnen, und er blieb enttäuscht zu Hause, oder sie ging mit zum Skiwochenende ihrer Firma. Dann trennten sich die beiden, und nach einiger Zeit lernte sie, nennen wir sie Emma, einen neuen Mann kennen. Felix. Er war weltoffen, abenteuerlustig, aber er hatte deutlich weniger Energie als Emma, die nach der Trennung förmlich aufblühte. Felix war ein Frühaufsteher, mit dem ersten Vogelgezwitscher stand er in der Küche und backte Pancakes, die Emma erst viele Stunden später aufgewärmt aß. Sie hatten eine Zeitdiskrepanz von circa drei Stunden, denn Emma schlief gerne bis neun Uhr morgens. Logischerweise war Felix um 21 Uhr bettreif und Emma noch hellwach und voller Tatendrang. Für Felix war es klar, dass Emma nicht zu Hause bleiben musste, nicht auch ins Bett gehen musste, sich nicht mit einem Buch oder einer Netflix-Serie begnügen sollte, dass sie frei war, sich mit Freunden zum Abendessen zu treffen, ins Kino zu gehen, einfach etwas zu tun, auf das sie Lust hatte.

Emma musste es sich hart erarbeiten, dass sie diese geschenkten Freiheiten auch tatsächlich annahm. Anfangs blieb sie bei Felix zu Hause. Dieser schlief, sie arbeitete ihre Mails ab. Es dauerte eine Weile, bis sie begriff, dass man sich Freiheiten auch einfach nehmen kann. Dieses Mal ohne Gegenwind. Und dass sie der einzige Maßregler ist, der entscheidet, ob sie zu Hause bleiben sollte, weil sie wirklich müde und bettreif ist, oder ob noch Lust auf Action und Leute da ist.

Erst hier begriff Emma, dass auch Harry ihre Freiheiten nicht beschnitten hat, sondern einfach keine Luftsprünge machte, wenn sie sich diese genommen hat. Das hat dazu geführt, dass sie eine innere Harry-Instanz aufgebaut hat. Diese geriet sofort in Aktion, wenn die Freundin einen Saunabesuch vorschlug. So diskutierte Emma mit Inner-Harry den möglichen Abend. Manchmal hat Inner-Harry dann gewonnen. Der echte Harry wusste gar nichts von dem ganzen Verhandlungsprozedere. Er freute sich über den gemeinsamen Abend mit Emma und verstand dann nicht, warum sie leicht angesäuert diesen mit ihm verbrachte. Er war sich keiner Schuld bewusst.

Du hast die Wahl!

Amandas sind also leicht vom Kurs, ihrem eigenen, abzubringen. Weil es wichtig ist, dass die anderen sie begehren und cool finden, will sie gefallen. Dabei verliert sie oft sich selbst. Wird zu einer Art multiplen Persönlichkeit, die es je nach System einerseits den anderen recht machen will (damit sie die positive Rückmeldung bekommt, dass sie die beste Frau der Welt ist), andererseits sind diese Aktionen oft gegen ihre Wünsche. Anstatt sich mal hinzusetzen und sich klar zu werden, was gehört zu mir und was gehört zu den andern, ist Amanda schneller im Weltenerweitern als darin, in der Realität umzubauen.

Amanda, du hast stets die Wahl, ob du dich und deine wahren inneren Bedürfnisse kennenlernen oder sie einfach im Unbewussten spüren und dann danach handeln willst. Dann passen die Konsequenzen nicht mehr zur Realität und müssen dann vertuscht werden. Amanda, du hast die Wahl, ob du Welten anbaust oder die eigene aufräumst.

Fragen an dich

- Wenn ein Dschinn aus der Flasche schlüpfen würde, die du unachtsam geöffnet hast, und dich nach drei Herzenswünschen fragen würde, welche wären das?
- Wenn du drei Bereiche nennen könntest, in denen du dich zurzeit eingeengt fühlst, welche Maßnahmen hast du bereits getroffen, um dich leichter zu fühlen?
- Stell dir das letzte Mal vor, als du dich unfrei gefühlt hast – würdest du im Nachhinein sagen, dass *dir jemand* die Freiheit *genommen* hat oder *du dir* die Freiheit *nicht genommen* hast?
- Was bedeutet die Antwort für dich?
- Auf einer Skala von null bis zehn, null heißt, du lebst gerade in völliger Unfreiheit, fühlst dich eingeengt und beschnitten, und zehn heißt, du fühlst dich in voller Kraft, sämtliche Entscheidungen nach freiem Willen zu fällen und durchzuziehen, wo stehst du heute? Und was wäre es für ein Unterschied, was würde es für dich bedeuten, auf der Skala 0,1 Punkte höher zu kommen?

Affirmation

Du hast ein Recht auf die freiheitsliebende Lebensform. Und die anderen haben ein Recht, diese zu kennen und ihre Auswirkungen auf sich abschätzen zu können.

FRANZI – BITTE VERLASS MICH NICHT! (B)

Die Fürsorgerin (B)

Franzi will lieben. Mit jeder Faser ihres Körpers. Sie sehnt sich nach Vertrautheit, Innigkeit, Nähe, Geborgenheit, Verbundenheit. Sie will lieben und gleichfalls geliebt werden. Das ist ihr Ansporn im Leben. Sie will den geliebten Menschen glücklich wissen, deshalb gibt sie ihm alles, was er sich wünscht. Sie kreist um ihn herum, entdeckt all seine Wünsche und Bedürfnisse und will diese umgehend erfüllen. So, wie sich eine Mutter um ihr Baby sorgt, damit es gut gedeiht, behütet die Frau den Mann.

Der Mann wird deshalb zum Helden. Er wird aufs Podest erhoben, wird das goldene Kalb und der Sonnengott. Franzi schließt die Augen vor all seinen Mängeln und Eigenheiten, sie möchte ihr Idol anhimmeln. Das zentrale Problem an dieser totalen Hingabe ist: Es braucht jemanden, den sie lieben kann, dem sie dienen kann, damit sie ihre Liebesfähigkeit unter Beweis stellen kann.

Wenn man den anderen Menschen so dringend braucht, dann sollte zwischen ihm und einem selbst möglichst wenig Distanz sein. Das leuchtet ein. Das heißt, der andere hat auch nicht mehr so viel Raum für sich. Eigendrehungen, Selbstwerdung oder Wegbewegungen sind deshalb eine Bedrohung.

So geht es Franzi: Sie reagiert sehr allergisch darauf, wenn Leonard ihr etwas nicht erzählt, wenn er, ohne sie zu fragen, mit den Kollegen auf Skitour mitgeht, wenn er ein Hobby ohne sie anfängt. Denn für sie ist klar: Wir gehen gemeinsam in den Schnee (wofür braucht er Freunde, er hat mich), wir starten zusammen einen vegetarischen Kochkurs, damit wir gemeinsam kochen können.

Gemeinsam, zusammen, wir – das sind Begriffe, die Franzi oft in ihrem Wortschatz gebraucht und die Leonard begreiflicherweise immer mehr eingeengt haben. Am Anfang schmeichelte ihm ihre große Aufmerksamkeit sehr, er fühlte sich stark, begehrt und wie ein Superstar. Aber mit den Ehejahren hatte er immer mehr das Bedürfnis, auch mal etwas Eigenes zu haben, etwas ohne sie und die Kinder. Wann immer Leonard ihrem engen Zusammensein-System entfliehen wollte, triggerte er ihre unheimliche Angst vor dem Alleingelassen-, vor dem Verlassenwerden.

Tricks der Fürsorgerin, um nicht verlassen zu werden
Sie gibt sich kindlich und hilflos. So kann sie keine einzige kleine Reparatur übernehmen (auch Batterien wechseln muss er), alles, was über zwei Kilo schwer ist, muss er tragen, alle administrativen Belange wie Krankenkasse, Steuern und andere Formulare legt sie ihm auf den Schreibtisch. Denn wer würde schon so ein abhängiges Wesen verlassen?

Andere Franzis dieser Welt machen nicht sich selbst zum Kind, sondern den Mann. Sie behandeln ihn so, als ob er nichts auf die Reihe bekäme. Sie erledigen alles, machen sich zu seiner Sekretärin, Assistentin, Hilfskraft und Putzfrau. Das Ziel ist das Gleiche: Er soll abhängig von ihr sein, damit er sie nie und nimmer verlässt. Davor haben Franzis einfach eine panische Angst: dass man sich von ihnen distanziert, dass es zu einer Trennung kommt, zu einer vermeintlichen Isolation.

Jedes Eigendrehen, jedes Ich-Werden des anderen ist eine Bedrohung, welche die Franzis dieser Welt unterbinden wollen. Logischerweise fühlt sich der andere davon eingeschränkt, erdrückt, gehemmt, beobachtet. Er will mit der Zeit nur noch eines: weg oder mehr Luft.

Damit der Mann bei der Stange bleibt, der Verschmelzung nicht entgegenwirkt, haben die Franzis so einige Asse im Ärmel. Die können verdeckt erpresserisch werden. In kleinen oder großen Dosen.

- Franzi wird überbesorgt: »Tut dir das wirklich gut, wenn du jetzt noch deine Freunde triffst?«
- Oder sie generiert Schuldgefühle: »Was, du gehst schon und lässt mich hier allein?«
- Wenn der Mann sich abwendet, dann können auch mal Selbstmorddrohungen ausgesprochen werden: »Wenn du mich verlässt, dann will ich nicht mehr leben.«

Die Krux an der Fähigkeit, mit dem andern zu verschmelzen, ist: Je tiefer wir lieben, desto größer unsere Angst, alles zu verlieren.

Blümchenwelt

Die Franzis dieser Welt gehen immer vom Besten im Menschen aus. Sie leben in einer Blümchenwelt, in der alle lieb und nett miteinander sind. Sie glauben an das Gute und Schöne. Sie idealisieren ihren Partner. Wenn sie etwas Ungutes an ihm bemerken, dann stecken sie den Kopf in den Sand, um das nicht zu sehen.

So hätte Franzi Leonards verändertes Verhalten bemerken können. Auf einmal war sein Handy immer in seiner Hosentasche, lag nie herum und wurde oft benutzt. Seine Abwesenheiten zu Hause häuften sich. Er wirkte oft entrückt und verträumt. Zuckte zusammen, wenn sie unbemerkt in sein Zimmer kam, und schloss wie zufällig den Laptop. Das waren alles Anzeichen für eine Affäre, die sie hätte realisieren können. Aber da es ihr wirklich nicht in den Sinn kam, dass Leonard sie anlügen könnte, geschweige denn betrügen und fremdgehen, ignorierte sie das alles.

Die Franzis dieser Welt haben tolle Tugenden vorzuweisen, mit denen sie das Verschmelzen mit dem Partner fördern: Sie sind friedfertig und freundlich, verzichten auf vieles und sind selbstlos. Sie haben viel Mitgefühl und Empathie für andere. Also die ideale *Job Description* für eine Person, die man ausnutzen kann. In Extremfällen führt das alles bis zu masochistisch-hörigen Verhaltensweisen, die Überanpassung und die Unterordnung bis zur Selbstaufgabe wird auf die Spitze getrieben. All das führt zum Verlust der eigenen Persönlichkeit. Durch den Verzicht auf Wünsche und Bedürfnisse wird versucht, dem Eigen-Sein entgegenzuwirken, denn man selbst zu sein heißt auch immer, sich vom anderen zu unterscheiden.

Die Belohnung kommt irgendwann – bestimmt!

Was machen die Franzis also mit ihren Wünschen, Impulsen, Affekten und Trieben? Sie unterdrücken diese! Wie? Zum Beispiel mit einer Ideologie. Die kennen wir auch von der Kirche: Es ist deine Pflicht, selbstlos und aufopfernd zu sein, deine Tugend ist es, andere zu unterstützen und sich ihnen hinzugeben. Wenn dir einer eine Ohrfeige gibt, halte die andere Wange hin. Gehe den steinigen Weg mit dem Kreuz auf dem Rücken. Du wirst dafür belohnt. Irgendwann. Spätestens im Himmel.

Verzeih mir, wenn ich das so krass schreibe, ich bin sicher, dass weder du noch Gleichgesinnte fanatische Katholikinnen sind, aber nimm einfach die Essenz aus dieser Metapher: Der Glaube daran, dass du für diese tolle selbstlose Verhaltungsweise einmal belohnt wirst, gibt dir Kraft, durchzuhalten.

Aber natürlich hast du jetzt Erwartungen. An deinen Partner. An den Himmel. Ans Universum. Denn irgendwo gibt es Gerechtigkeit. Wenn man lange auf diesen Ausgleich warten muss, dann sorgt eine Ersatzbefriedigung für Zeitvertreib. Sozusagen als Vorempfang für die spätere Belohnung. Die Franzis dieser Welt sind also gewissen Süchten nicht abgeneigt. So kann übermäßiges Essen, Rauchen, Sporttreiben etc. das Warten etwas lindern.

Manchmal haben die Franzis dieser Welt auch einen anderen guten Trick: Damit sie von all den Wünschen, Trieben, Instinkten und Angeboten von außen nicht zu sehr von ihrer Selbstlosigkeit abgelenkt werden, bauen sie eine Art Filter auf. Starke Reize werden ausgesondert und abgeschirmt. Das kann sich dann in einer allgemeinen Müdigkeit und Teilnahmslosigkeit zeigen. Manchmal auch in Lernschwierigkeiten. Denn wenn man dem Leben alle Farben, Düfte, Töne und Bewegungen nimmt, dann wird der Alltag fade, langweilig, trostlos. Und so lässt es sich leben in der eigenen Selbstaufgabe. Wo kein Begehren ist, ist keine Sünde.

Hat Franzi Aggressionen?

Aggressionen, negative Gefühle, Affekte sind ein großes Problem für Franzi. Meist haben solche Empfindungen den Effekt, dass man jemanden wegschubst, von sich abweist, und das will Franzi auf keinen Fall. Sie möchte diese Gefühle also nicht haben und braucht eine Lösung. Deshalb kann sie entweder eine Ideologie der Friedfertigkeit ausbauen, an die sie glaubt. Oder, noch stärker, sie kann ein Gefühl der moralischen Überlegenheit gegenüber dem anderen entwickeln (das ist dann eine transformierte Version von Aggression). Oder sie nimmt die Dulderrolle ein, die bis zum seelischen Missbrauch oder sexuellen Masochismus führen kann.

Wenn sich die Franzis dieser Welt wehren, dann verdeckt, im Geheimen. Sie machen den anderen mit ihrem stummen Leiden fertig. Sie präsentieren sich als Opfer und bekommen manchmal damit, was sie wollen. Sie produzieren am laufenden Meter Schuldgefühle und vergiften den anderen damit. Oder sie sind so überbesorgt, dass sie ihr Gegenüber weich vergewaltigen. Natürlich gehört auch Eifersucht zu diesem Szenario dazu.

Schlimme Formen nimmt das bei Franzis Grundenergie der Fremdumkreisung an, wenn sich die Aggression gegen sie selbst wendet, also zu starker Melancholie führt, wo sich Vorwürfe und Anklagen (du bist selbst schuld, dass er dich nicht mehr liebt) bis zum Selbsthass zusammenrotten, denn dies wirkt sich dann in Selbstzerstörung aus. Oder auch in Selbstbestrafung. Für die Franzis dieser Welt wäre eine gesunde Portion Aggression gegen den anderen wichtig. Damit diese Energie nach außen geht und nicht nach innen. Da sie aber Angst vor dem Liebesverlust haben, verhindern sie das.

Beziehungsstatus unzufrieden – die Leiden der Kombinationen

Franzi wünscht sich einen Partner, auf den Verlass ist. Jemand, der mit ihr zusammen die Familie und ein Nest aufbaut. Einer, der es genauso genießt wie sie, diese zu hegen und zu pflegen. Ihr Fokus liegt auf dem Partner und später auf den Kindern, dann auf den Tieren der Kinder oder, wenn diese Fremdumkreisungszentren dünn gesät sind, dann geht sie liebevoll auf im Kümmern um die Ursprungsfamilie oder um die Nachbarn. Wenn das Zentrum der Fremdumkreisung das System verlässt, fällt Franzis Welt in sich zusammen. Für Franzi sind Beziehungen, in denen der Stern, um den sie kreisen will, nicht fix ist, extrem anstrengend und kräfteraubend. Anstatt aber die Energie darauf zu verwenden, den anderen ins Zentrum der Fremdumkreisung zu zwingen, wäre der Fokuswechsel auf sich selbst in die Eigenumkreisung sinnvoll.

Leonard als Abenteurer (A), Fliehkraft im Zentrum

Wenn Franzi sich mit einem einlässt, der gerne Neues und anderes mag, der Fliehkraft in sich trägt und freiheitsliebend vorwärtsgeht, beginnt ein Teufelskreis. Der grenzsprengende Mann findet es zwar absolut toll, dass ihn jemand so vergöttert, und das wird ihn auch eine Weile halten. Gut wäre es, wenn Franzi es schaffen würde, ihm immer wieder Freiheiten zu geben, (sie müssen nicht sexueller Art sein). Sie kann ihm sagen: Du bist monogam frei. Mach, was du willst, flieg in die Welt und lande immer wieder bei mir, ich freue mich auf dich. Dann könnte das eine gute Kombination werden. Aber viele Franzis bekommen Angst, wenn der Mann in steter Veränderung und Ich-Werdung ist. Er könnte sich ja wegbewegen. Das wollen sie dann verhindern, schränken ihn ein, jammern, klammern und lassen damit das Schlimmste wahr werden, wovor Franzi sich fürchtet: verlassen zu werden und allein zu sein.

Leonard als Fürsorger (B) – Fremdumkreisung im Zentrum

Oder Franzi könnte sich einen Mann besorgen, der das Gleiche will wie sie: lieben und geliebt werden. Stell es dir bildlich vor, kreise um jemanden, der selbst kreist. Das wird schwierig. Die beiden müssten wohl abmachen, wann wer kreisen darf und wer dann stillstehen muss, damit der andere die Fremdumkreisung vollbringen kann. Das sind dann ganz innige symbiotische Beziehungen. Oft nach außen hin recht rigide. Ersichtlich werden solche Beziehungen dann, wenn das Paar den gleichen gestreiften Pulli anhat. Sie in Grün, er in Blau. Sie verwenden nonstop das Wort »wir«, das Wort »ich« kommt in ihrem Vokabular fast nicht vor. Verabredungen mit einem der zwei werden immer so entgegengekommen: »Ich gebe dir Bescheid, ich werde X fragen, ob es ihm auch passt.« Er kann dir genau darüber Auskunft geben, wie sie sich während der Menstruation fühlt, und sie kann dir haarklein beschreiben, wie er bei der Jobsuche vorgegangen ist. Denn sie wissen alles übereinander: von ihren körperlichen Gebrechen bis hin zu den Gedanken, die sie nachts haben. Wenn das für beide stimmig ist, wunderbar! Ich freue mich für euch.

Leonard als Bewahrer (C), Schwerkraft im Zentrum

Franzi könnte sich einen bewahrenden Mann zulegen. Das ist eine gute Sache. Denn dieser Mann bewegt sich nicht von der Stelle. Er bewacht den Status quo. Wenn sie ein Teil seiner Routine, seiner Regeln, seines Sicherheitssystems wird, dann wird er sie nicht verlassen. Sie kann um ihn kreisen, ihn lieben und verehren, und er kann für sie die Administration und den Garten machen, jeden Sonntag um 14 Uhr. Was sie aber nicht erwarten kann von einem bewahrenden Mann, sind Romantik, schöne Worte, Herzspontanität, sondern eher nüchterne Zugehörigkeit. Wenn ihr das genügt, dann kann diese Beziehung klappen.

Leonard als Autonomer (D), Eigenumkreisung im Zentrum

Was nun, wenn Franzi mit einem Mann zusammen ist, der nur an sich selbst denkt? Dann kann sie sich austoben im Umkreisen des Helden. Er findet das am Anfang ganz wunderbar, so vollumfänglich geliebt, gesehen, umgarnt und verehrt zu werden. Aber es hindert ihn nicht daran, seine Eigenumkreisung zu vollführen. Das wird immer wieder eine Distanz zu Franzi kreieren, was bedeutet, dass ein autonomer Partner genau ihr Dilemma bedient. Er triggert fortlaufend ihre Angst vor der Trennung und wird sie wohl in den Teufelskreis werfen, in dem sie versucht, ihn an sich zu binden. Die Rettung, die Heilung, wäre, dass sie von ihm lernt. Dass sie genau hinschaut, wie es geht, gut mit sich verbunden zu sein. Eine gute Portion Ich-Werden, sich weiterzuentwickeln, auf sich zu achten – das würde ihre Angst lindern.

Auflockerung durch systemische Betrachtungsweisen

Wie immer möchte ich Riemanns Beschreibungen etwas auflockern. Wir sind oft nicht eindeutig ein Typ. Basta. Sondern wir sind wie ein gutes Gericht, wir garnieren uns mit verschiedenen Zutaten. So kann es sein, dass wir aus dem Gewürzangebot der fürsorglichen Persönlichkeit dies oder das in unterschiedlichen Stärken wählen. Je nach Situation mal mehr, mal weniger.

Logischerweise gibt es viele Franzi-Facetten. Es gibt Franzis, die sich auch immer wieder auf ihre eigene Individuation berufen können, die ihre Selbstständigkeit im Auge behalten, die den Weiterentwicklungsprozess einer Beziehung akzeptieren und relativ gelassen mitgehen können. Je mehr Fokus auf sich selbst, desto besser ergeht es einer Franzi.

Unsere Franzi hingegen hat nicht gut gelernt, ihr Eigen-Sein, ihre Selbstständigkeit zu entwickeln. Schon früh hat sie in ihrer Familie begriffen, dass sie vor allem dann geliebt und geschätzt wurde, wenn sie dienstfertig und eifrig den anderen geholfen hat. Weil sie in einem Umfeld aufgewachsen ist, wo es nicht darum ging, sich selbst zu entwickeln, sondern andere zu unterstützen.

Es entsteht also ein gemeiner, emotionaler Teufelskreis: Franzi will Halt haben in der Liebe, sie fixiert diesen mit ihrer Abhängigkeit vom Partner. Jede Bewegung des anderen gefährdet die Sicherheit und die Verbundenheit, was zu kolossaler Angst vor Verlassenheit führt.

Ein Tipp für Franzi: Wie isst du am liebsten deine Eier?

In dem wundervollen Film *Die Braut, die sich nicht traut* mit Julia Roberts und Richard Gere wird in einer Szene klar, was es bräuchte, um den Fokus auf sich zu lenken. Julia Roberts rennt bei jedem Hochzeitsversuch kurz vor dem Ja-Wort davon. Flieht auf Motorrädern, Pferden, Autos und Bussen. Auch Richard Gere wird versetzt. Seine Erklärung dafür: Sie wisse nicht, wer sie selbst sei. Sie wisse auch nicht, wie sie ihre Eier am liebsten essen würde. Er habe all die anderen Stehengelassenen interviewt. Bei dem einen habe sie Spiegeleier gegessen, beim anderen Drei-Minuten-Eier, beim dritten gar kein Ei. Sie habe auch immer den gleichen Sport ausgeübt wie der jeweilige Mann. Beim einen Wandern, beim anderen Schwimmen, beim Dritten Golfen. Wer sie nun sei, das wisse weder er noch sie so genau.

In einer rührenden Szene sieht man dann, wie sich Julia alle Eiersorten kocht und sie durchprobiert, um herauszufinden, welche sie mag. Wie sie den ganzen Schrank mit den Sportutensilien entrümpelt, um herauszufinden, welcher körperlichen Tätigkeit sie nachgehen möchte. Ich will das Ende nicht verraten, es kann ja sein, dass du noch vorhast, dir den Film anzusehen. Das ist also gemeint mit den überfürsorglichen Menschen: Vor lauter Fokus auf den andern vergessen diese Menschen sich selbst.

Die Lösung liegt im Fokus auf dich selbst!

Wenn du dich in diesen Beschreibungen grundsätzlich erkannt hast, dann weißt du auch, was die Lösung für all deine Teufelskreise, Abhängigkeiten und Ängste sein könnte: den Fokus auf dich selbst zu richten. Dir die Erlaubnis zu geben, ein eigener Mensch mit eigenen Bedürfnissen, Wünschen und Trieben zu sein. Dir die Erlaubnis zu erteilen, dich zu entwickeln und die Zuversicht zu haben, dass auch ein wenig Distanz und räumliche Trennung in einer Beziehung machbar sind. Eine gute Beziehung, die Liebe halten einiges aus. So auch etwas Luft zwischen zwei Menschen. Die Erlaubnis für den anderen, sich zu entwickeln und sein Ding zu machen, ist förderlich für beide. Es heißt nicht automatisch, dass er dich nicht mehr liebt, wenn er mit seinen Freunden auf eine einwöchige Fahrradtour geht. Sondern, dass er mal wieder testosterongeladene Aktivitäten braucht, die du ihm einfach nicht geben kannst. »Nein, das will ich nicht« ist kein Hammer, der die Liebe totschlägt, sondern nur einer, der einen Nagel in dein Selbstwertbrett hineintreibt. Dieser Fokus auf dich selbst und die Abgrenzung haben drei Auswirkungen.

Auswirkung 1: Du lernst dich besser kennen.

Es braucht keine in dich hineingefressene Aggression, die du gegen dich selbst richtest, sondern du kannst die Ablehnung gegen etwas oder jemanden erkennen und idealerweise in Form eines Wunsches formulieren. Wenn also dein Partner sagt: »Ich treffe mich heute mit meinen Freunden«, und du merkst, dass dich seine Abwesenheit vor ein Problem stellt, weil du dann die Kinder betreuen musst, dann kannst du sagen: »Ja, mach das, aber ich möchte gerne, dass du die Kids um 16.00 Uhr übernimmst, damit ich noch in Ruhe meinen Sport machen kann.«

Oder er will Leute einladen, die du nicht magst. »Du, Schatz, mir passt der Oli nicht. Nichts gegen eure Freundschaft, aber ich muss ja nicht mit ihm befreundet sein. Ich treffe mich an dem Abend mit einer Freundin, und die Küche gehört ganz euch.« Riechst du den Braten? Du grenzt dich ab gegen Unangenehmes, du formulierst deine Wünsche.

Auswirkung 2: Dein Selbstwert steigt

Ein toller Nebeneffekt solcher Aktionen ist, dass du dir jedes Mal, wenn du es freundlich und gut mit dir meinst, eine Münze in deinen Selbstwertpott wirfst. Wie wir alle wissen, sind diese Pötte nicht jeden Tag gleich voll. Unglaublicherweise gibt es wie bei Blumentöpfen Löcher unten – wo bei Blumentöpfen das Wasser abfließt, fallen bei uns die Selbstwertmünzen manchmal hindurch. Es braucht also ein stetiges Nachfüllen. Virginia Satir beschreibt das so: In dem Moment, in dem du dich für dich einsetzt, wirfst du dir eine Münze in den Pott. Gleichzeitig verhinderst du auch, dass dir jemand eine Münze stiehlt. Jeder Akt der Abgrenzung, des Für-dich-Einsetzens generiert also Selbstwertmünzen.[11]

Auswirkung 3: Du wirst ernst genommen

Wenn du also den Fokus ab und zu auf dich und deine Bedürfnisse richtest, dann hat das Auswirkungen. Die eine ist, dass du besser auf dich achtest, dir deine Wünsche eingestehst, es auch mal (nett) formulierst, wenn du jemanden nicht magst, und die Menschen um dich danach aussuchst, ob sie dir Energie spenden oder rauben. Das wird Auswirkungen auf andere haben: Dein Partner wird dich als eigenständige Person wahrnehmen und merken, dass du und deine Wünsche zu respektieren sind. Er wird dadurch nicht verführt, dich auszunutzen!

Deine Freunde haben Freude mit dir und spenden dir viel Energie und Selbstwert. Andere Menschen merken, dass du zwar eine wahnsinnig nette, freundliche und serviceorientierte Person bist, aber dass du auch Grenzen hast und diese zu respektieren sind. Auch sie werden davon abgehalten, deine Großzügigkeit, deine Fürsorge hemmungslos auszunutzen. Und jedes Mal, wenn du merkst, dass dich jemand so akzeptiert, wie du gerade bist, wirst du es klimpern hören! Eine Münze mehr im Selbstwertpott!

Du hast die Wahl!

Du hast die Wahl, wie du deinen Teufelskreis gestalten willst. Möchtest du ihn füttern und ihm mit mehr Zuneigung und Liebesbezeugungen für den Partner Aufwind geben, oder willst du ihn beruhigen?

Du hast die Wahl, ob du deine Aggressionen und Abwehrinstinkte die übrigens ganz normal sind und die wir alle haben, unterdrückst und in dich hineinfrisst oder sie erkennst und dann in freundlichen Bitten und klaren Abgrenzungsansagen formulierst.

Du hast die Wahl, ob du dem anderen lieber Schuldgefühle machst, ihm drohst mit deinem Unglücklichsein oder ob du dir selbst eine große Portion Liebe zukommen lässt, damit die aufkeimende Angst etwas gelindert wird.

Du hast die Wahl, ob du den Fokus auf den anderen legst, den Schein der Taschenlampe auf ihn richtest, alles über ihn weißt und nichts über dich oder ob du ab und zu auch mal auf dich leuchtest.

Das hier sind nur einige Beispiele, wo du die Wahl hast. Und es ist mir übrigens vollkommen klar, dass ein Wahlentscheid für ein anderes Verhalten dann noch lange nicht deine Grundangst aufgelöst hat. Auch muss ein verändertes Verhalten erst erarbeitet und eingeübt werden. Salsa tanzen kann man auch nicht von Anfang an. Zuerst fällt die Entscheidung: Salsa. Ja. Dann geht es zu einem Lehrer (ehrlich, es gibt fast keine Lehrerinnen), und dort übst du die Basisschritte. Dann kommen die Figuren dazu. Sprich, du bräuchtest für dein neues Verhalten auch einen Lehrer, eine Lehrerin. Jemanden, der mit dir das anschaut. Einübt. Freundinnen sind meist überfordert damit. Nimm jemanden, der gelernt hat, solche Themen anzugehen! Und dann kannst du üben, üben und üben. Somit wirst du eine gute Salsatänzerin bzw. eine angenehme Fürsorgerin.

Fragen an dich

- Wenn du dir erlauben würdest, alle Wünsche und Bedürfnisse, Triebe und Instinkte mal frei von der Leber weg zu beschreiben, welche wären das? Wie würde deine Liste lauten?
- Wenn du dir mal erlauben würdest, alle Aggressionen, Aversionen und Widerstände zu benennen, was würde dabei herauskommen?
- Wenn du dir mal eine dieser Aggressionen vornehmen und dich fragen würdest, was du dir denn *stattdessen* wünschen würdest, wie wäre da die Antwort?
- Wenn du dir sagen würdest: »Ich liebe mich so, wie ich bin, und ich werde mich nie verlassen, egal, was passiert«, was würde das bei deinem Körper auslösen?
- Wenn du dir vorstellen würdest, dass Tiereltern immer achtsam darauf sind, ihre Kinder nicht zu erdrücken mit zu viel Nähe, und du dir dieses achtsame Abstand-

halten für dich vorstellen könntest, wie würde sich dieses Bild auf deinen Körper auswirken?

Affirmation
Du bist eine liebenswürdige Person. Und du hast viel Potenzial, andere zu lieben. Das ist eine wunderbare Gabe. Sei achtsam mit diesem Geschenk und schenk es auch immer wieder einer Person: dir selbst.

LEONIE – DIE HEIMLICHE GELIEBTE DES VATERS (A, B, C, D)

Geliebte können alle Grundenergien in sich tragen. Die einen leiden mehr, die anderen genießen es. Alle Typen könnten in dieser Rolle, als heimliche Geliebte, etwas gemeinsam haben. Das beschreibt die Theorie meiner Mutter, Julia Onken,[12] bekannte Psychologin und Bestsellerautorin aus der Schweiz. All diese Frauen, unabhängig von Riemanns Einteilung, könnten als junge Mädchen eine bestimmte Funktion in der Familie eingenommen haben: Sie waren Papas Liebling. Und diese Mädchen haben früh gelernt, hinter dem Rücken der anderen Familienmitglieder, die absolute Nummer eins beim Vater zu sein. Es war ihr Geheimnis, das sie wie ein Juwel bei sich trugen, in geheimer und unumstößlicher Liebesallianz mit Papa verbunden zu sein. Auch Papa achtete streng darauf, dass niemand seine Bevorzugung für Leonie entdeckte. Er spielte die Rolle des achtsamen Ehemanns und gerechten Vaters perfekt und kaschierte seine Zuneigung. Beide wussten Bescheid und hüteten ihr Geheimnis unausgesprochen. Die beiden verschworen sich, ohne Worte. Ein Blick genügte, und sie wusste Bescheid: Sie war die Einzige, die sein Herz in Bewegung setzte. Sie beobachtete, wie der Blick des Vaters unverzüglich etwas matter wurde, wenn er mit der Mutter diskutierte. Wenn er sich hingegen mit ihr unterhielt, da sprühte er vor Lebensfreude und vor allem an ungebrochenem Interesse an ihr. Er musste ihr nicht einmal zuzwinkern. Die Sache war klar: »Du weißt, du bist mein Liebling.« So lernte sie, die Liebe im Verborgenen zu leben, und zwar mit höchstem Lustgewinn. Sie richtete sich die gegenseitige Zuneigung im geheimsten Winkel ihres Herzens ein und bemitleidete alle, die so ein Geheimnis nicht hüteten.

Und damit wurde sie auf die Rolle der heimlichen Geliebten bestens vorbereitet. Wahre Liebe, so Leonies Überzeugung, kann nur dann gelebt werden, wenn sie hinter verschlossenen Türen geschieht und niemand etwas davon weiß. Deshalb ist es nicht verwunderlich, wenn sich Frauen mit diesem Erfahrungshintergrund vor allem dann angezogen fühlen, wenn sich eine heimliche Liebschaft anbahnen könnte. Oft manövrieren sich Frauen stilsicher in diese Position hinein. Unbewusst natürlich. Sie riechen den Braten gegen den Wind. Männer, die bereits in festen Händen oder verheiratet sind, üben eine Anziehungskraft auf sie aus. Es sind die heimatlichen Glocken, die da anklingen. Obwohl sie auch leidvoll sind, hört sich ihr Gesang vertraut an, mit dem süßen Geheimnis, in der ultimativen Liebe aufgehoben und geborgen zu sein. Platzt indessen die Seifenblase und die Affäre wird offiziell, verliert sie unter Umständen augenblicklich den speziellen Reiz, der von der Heimlichkeit genährt worden ist. Deshalb ist es nicht verwunderlich, wenn Frauen lebenslang als heimliche Geliebte ihr Glück suchen, schließlich haben sie es früh geübt.

Jeder Typ kann in der Geliebten-Position landen

Leonie könnte jeder Typ sein.

Die Abenteurerin (A)

Der Typ A sieht sich ungern als Nummer zwei. Sie möchte verführen und verführt werden. Sie will Neues und anderes, sie sucht Wege, um Begrenzungen zu umgehen, und passt die Moralvorstellungen ihrer eigenen inneren Welt an. Also wird sie sicher ab und zu als Geliebte aufschlagen. Denn dass sie selbst oder er verheiratet ist, ist zwar doof, schwierig und nicht ganz korrekt, aber letztlich wird Typ A Lösungen finden, um einen Weg zu gestalten, wie so eine Affäre nun ganz einfach sein *muss*. Sie wird sich ihre Fantasiewelt mit ihren Regeln zur Realität bauen und das *Jetzt* mit ihm genießen. Sie kann auch ein Haus weiterziehen oder in ihre Beziehung zurückkehren, wenn es ihr zu blöd wird. Wenn der andere sie schlecht behandelt oder ihr Vorschriften macht, dann ist der Ofen gleich aus. Diese Ausprägung ist feurig, heftig, leidenschaftlich und enthält nicht das typische Hoffen und Warten. Sondern eher das Genießen, das Auskosten des damit verbundenen Nervenkitzels. Typ A kann auch mehrere Affären gleichzeitig bedienen, überall voller Emotionen und Gefühle, aber so schnell sie kommen, so schnell können sie auch wieder gehen.

Die Fürsorgerin (B)

Dieser Typ kreist um den Auserwählten. Leonie vergöttert, verehrt, überhöht ihren Geliebten. Und sie leidet furchtbar. Denn sie will ihn und nur ihn. Da können ihre Freundinnen lange auf sie einreden, alle Mängel und Makel an ihm aufzählen, sie will davon nichts wissen. Realistische Argumente zählen nicht. Fakten haben keinen Impakt. Leonie liebt und will zurückgeliebt werden. Aber da ist diese andere. Die Ehefrau. Die Nummer eins. Ein Dorn im Auge und ein Stachel im Herzen. Gerade bei dieser Typologie hat eine Affäre mit der Zeit toxische Auswirkungen. Weil Gutmeister sie nicht zur Nummer eins in seinem Leben macht, wird ihre Liebe nicht genug erwidert. Ihre größte Angst ist die Trennung, ist das Alleinsein, ist das Verlassenwerden. Und das passiert nach jedem Stelldichein. Da geht er. Weg von ihr. Zur anderen zurück. Jedes Mal wird die Grundform dieser Angst geschürt, genährt und aufgelebt.

Da dieser Mensch sich vor allem wertvoll vorkommt, wenn er für jemand anderen wertvoll ist, sinkt ihr Selbstwert in den Boden. Je länger die Affäre andauert, je öfter er sich für die andere Frau entscheidet statt für sie, desto mehr zerfällt sie in ihre Einzelteile. Wenn Freundinnen dann raten: Such dir doch einen anderen, dann schüttelt diese Leonie nur kraftlos den Kopf. Wie denn? Sie ist offenbar nicht hübsch, intelligent, reich, begehrenswert etc. genug, damit man sich für sie entscheidet, also sollte man das nicht nochmals bestätigt bekommen. Die Abwärtsspirale ist schmerzhaft und tut verdammt weh. Für das Umfeld einer solchen Leonie ist das schwer zu ertragen. Freundinnen bekommen dann auf Gutmeister gerichtete Wutanfälle, planen insgeheim Attentate oder wollen ihn auffliegen lassen aus Rache. Oder sie wenden sich von Leonie ab, denn die wird immer trostloser und braucht jeden Abend mehr Wein. Ein Treffen mit ihr hat immer das gleiche Thema: *ihn*. Das Ergebnis ist immer das Gleiche: Trauer, Verzweiflung, Selbstabwertung.

Die Lösung liegt in der Löwinnenenergie

Es braucht definitiv einen Schuss Löwinnenenergie. Eigenumkreisung. Leonie benötigt eine tüchtige Portion Typ D. Es gilt, aufzustehen, sich zu schütteln und sich auf sich zu besinnen: Wer bin ich eigentlich? Wer war ich vor Gutmeister? Das ist gar nicht so einfach, ich weiß! Und manchmal braucht es richtig viel Leidensdruck, bis diese Leonie sich wehrt. Und manchmal braucht es nochmals eine Ehrenrunde im Elend, bis Leonie findet, es reicht nun. Auch du als Leonie mit der Grundenergie der Fremdumkreisung hast die Wahl. Lies doch bitte das Kapitel zu Franzi.

Die Autonome (D)

Liebe Leserin, ich beschreibe hier zuerst den Typ D als Geliebte und anschließend Typ C, da Letzterer einer ausführlicheren Behandlung bedarf. Los geht's. Ich habe im ersten Teil von Leonies Geschichte eine Variante von Leonie genannt, die Löwinnen, die sich selbst die Nächsten sind, die ihr Leben, ihre Entscheidungen, ihre Pläne im Fokus haben und eine Affäre als Nebenposten behandeln. Löwinnen gehören eindeutig zum Typ D. Sie wollen keine Hingabe an einen anderen, sie lieben Abgrenzung, Abstand und Distanz. Sie sehen Beziehungen gern sachlich an und können mit zu viel Gefühl nichts anfangen. Im Gegenteil, sie fühlen sich dann sogar bedroht. Ihnen ist Unabhängigkeit das Wichtigste. Das heißt also, dass dieser Typ einen idealen Geliebtentyp abgibt. Für beide Parteien. Die Frau hat ab und zu eine ordentliche Portion Körperlichkeit, gute Gespräche und Zugehörigkeit im ungefährlichen Maß. Er fühlt sich nicht gedrängt, sein Leben zu verändern. Er kann sich Sex, Aufregung und Abenteuer ohne Verbindlichkeit holen, er kann von der verbotenen Frucht naschen, ohne dass er nachher zwei emotionale

Baustellen hat. Wenn er einen Termin absagen muss, weil die Tochter früher aus dem Reiturlaub zurückkommt oder seine Frau eine Fischvergiftung erleidet, dann zuckt der Typ D gelassen mit der Schulter. »Schade«, meint sie nur und tippt bereits die Nachricht an ihre Freundin ein: »Kann jetzt doch mitkommen auf deine Vernissage.«

Die Bewahrerin (C)

Ich möchte an dieser Stelle im Buch den Typ der Bewahrerin (C), der Beschützerin von Normen und Vorschriften, von Regeln und Routinen, genauer schildern. Nicht, weil es wahrscheinlicher ist, dass eine Geliebte diese Grundenergie in sich trägt, sondern weil ich sie in diesem Buch bisher noch nicht so genau unter die Lupe genommen habe.

Leonie hat sich für diese Affäre entschieden. Nun versucht sie, sich mit Regeln und Routinen über Wasser zu halten. Zum Glück hält sie nicht so viel von Emotionen, alles lässt sich regeln und administrieren. Typ C ist eher irritiert, wenn der Geliebte das Schäferstündchen von Dienstag auf Mittwoch verlegt.

Wenn ein Supermarkt die Lieblingskekse von Leonie aus dem Sortiment wirft, kommt sie mit dreißig Pack davon zu Hause an und hält eine lange Rede über die Idioten von Produkteentwicklern. Diese Leonie will also immer das Gleiche vorfinden, das Vertraute genießen, die Routinen leben. Alles, was sich verändern will, möchte sie stoppen, aufhalten, ja manchmal sogar am liebsten umbringen. Leonie will sich absichern! Sie zahlt fleißig in die Altersvorsorge ein, hat einen zusätzlichen Rentensparplan, obwohl sie wenig reist, hat sie auch eine Reiseversicherung und bei der Krankenkasse hat sie damals alles angekreuzt, was es gab, um sich vollumfänglich vor jeder Eventualität zu schützen.

Leonie möchte jedes Risiko vermeiden. Sowohl im Beruf als auch privat. Deshalb trägt sie Blau. Blau sieht auch verwaschen noch nach Blau aus und lässt sich mit Blau gut kombinieren. Obwohl sie sich ab und zu bei einer Shoppingtour mit ihrer Freundin Eva eine neue hellblaue Bluse kauft, trägt sie trotzdem noch die alte bis zum Schluss. Ihr Kleiderschrank ist überschaubar. Dafür quillt aus allen anderen Schränken ihr Sammeltrieb. Sie sammelt Mickey-Mouse-Comics und Frösche.

Leonie wirft nichts weg. Man könnte es noch brauchen. Deshalb sind ihr Dachboden und ihr Kellerabteil vollgestopft. Sie sortiert die Einkaufstüten nach Plastik, Papier und Jute und wirft keine davon weg, es sei denn, sie zerreißt in zwei Teile. Auch defekte Küchengeräte werden nicht entsorgt. Vielleicht kann man mal ein Teil davon für etwas anderes gebrauchen.

Gut organisiert ist halb gewonnen: So plant Leonie am Donnerstagabend ihre Menüs für die Woche, am Freitag findet nach der Arbeit der Großeinkauf statt, am Samstagvormittag wird geputzt. Jeden zweiten Sonntag ist Waschtag. An diesen wichtigen strategischen Zeiten ihrer Woche ist sie nicht bereit, sich zu verabreden. Sie hat etwas pedantisch Ordentliches an sich und davon rückt sie nicht ab. Keinen Zentimeter.

Die Familie und ihre Traditionen sind ihr sehr wichtig. Wenn sie jeweils am 1. Januar die Jahresplanung macht, dann trägt sie zuerst die Geburtstage ihrer Verwandtschaft ein, dann die ihrer Freundinnen und Freunde. Um diese herum werden dann die vier Wochen Ferien geplant. Eigentlich immer so wie jedes Jahr.

Als ihr einmal ihre Freundin Alberta zum Dreißigsten eine Woche Malta schenkte, war sie darüber nicht sehr erfreut. Es war etwas total Neues in ihrer Welt. Denn im Winter gab es eine Woche Skiurlaub, im Sommer eine Woche auf Wandertour und die restlichen zwei Wochen mussten herhalten für Frühjahrsputz und Herbstgroßreinigung. Diese Woche Malta kostete Leonie sehr viel Kopfzerbrechen. Sie zauderte, zögerte, wägte ab, hatte viele Sicherheitsfragen. Schlussendlich erlöste sie eine schwere Grippe vor dem Abflug. Da sie eine Reiserücktrittsversicherung hatte, konnte sie Alberta den Ausfall zurückerstatten.

Leonie in der Liebe

Für Leonie ist es wichtig, die Kontrolle zu haben. Über alles und am liebsten jeden. So sind ihr zu viele Emotionen eher ein Graus, da diese im Wildwuchs in verschiedene Richtungen ausschlagen könnten. Sie geht damit sparsam um. Dosiert sorgfältig. Sie wägt lange ab, ob man dem Anwärter auf eine Beziehung trauen kann, ob er es wert ist, ob er nicht zu viele Probleme macht, ob er es verdient. Wenn dann aber die Entscheidung für den Mann gefällt wird, gibt es kein Zurück mehr. Leonie ist nämlich treu, loyal, zuverlässig in ihrer Beziehungsbereitschaft. Große Tragfähigkeit und Belastbarkeit werden möglich. Dieser neue Beziehungsjob wird dann organisatorisch und administrativ fein säuberlich aufbereitet und der Handlungsplan ohne Abweichung durchgezogen. Wenn der andere nicht mitmacht, dann bekommt er es mit Leonie zu tun, nämlich mit ihrer gnadenlosen Sturheit: So ist es! Punkt! Amen!

Probleme werden durch neue Regelabmachungen gelöst. Wer den Hauptfokus von Leonie respektiert, hat es gut mit ihr: Verdiene genug Geld und sei damit sparsam, sei pünktlich und halte dein Wort. Wenn der Partner zuverlässig ist und reibungslos funktioniert in ihrem Plan, dann hat man(n) es gut mit ihr. Sexualität gibt es nur dann, wenn sie geplant ist und wenn sie zur Fortpflanzung einen Sinn ergibt, ansonsten eher nicht. Leonie will geschützt sein, gut aufgehoben, sie will eine fürsorgliche Partnerin sein, und das bis ans Ende ihrer Tage.

Da Leonie einen leichten Schlaf hat, darf der Mann sie auf keinen Fall wecken. Deshalb werden am Abend die Getränke rationiert, damit er sie nicht durchs Wasserlassen mitten in der Nacht aufweckt. Beim Sex muss darauf geachtet werden, dass das Sperma entweder auf die Frau oder in die Frau abgespritzt wird, damit das Bettzeug nicht gewechselt werden muss. Natürlich begleitet er sie an alle nötigen und unnötigen Familientreffen und macht mit in der heilen Welt der guten Ehe. Er hält sich wohlweislich an die Regel, den Geschirrspüler erst laufen zu lassen, wenn er brechend voll ist und natürlich nur im Sparmodus. Die Möbel werden mit einer Decke vor dem Abtragen geschützt. Und wehe, sie werden einen Millimeter verrückt. Wenn er das alles brav mitmacht, hat er es gut mit Leonie.

Eine Affäre ist deshalb für sie eine extreme Belastung und Herausforderung. Meist rasselt eine bewahrende Leonie in sie hinein, trotz ihres vorsichtigen Zauderns und Abwägens geht sie Typen wie Gutmeister auf den Leim. Oder die Hormone haben ihr einen Streich gespielt und ihre Ratio mal kurz lahmgelegt. Aber einmal hineingeraten, können die Leonies dieser Welt, welche die Grundenergie der Schwerkraft spüren, schwer wieder herauskommen. Ihre inneren Vorschriften und Moralvorstellungen, dass man andere nicht fallen lässt, einmal Ja, immer Ja, er kommt immer am Dienstag, deshalb ist der Dienstag für ihn reserviert, greifen auch hier. Es ist, als wenn sich ein Hund in einen Knochen verbissen hätte. Und obwohl Leonie weiß, dass dieser Knochen einer anderen Hündin gehört, lässt sie einfach nicht los. Und sie lässt auch nicht los, wenn der Knochen schon lange nicht mehr schmeckt. Nein, er bleibt trotzdem zwischen den Zähnen. Wer ihn rausnehmen will, wird angeknurrt.

Leonie verdeckt ihre Aggressionen

Leonie malmt an dem Knochen herum, sie ist furchtbar gekränkt, dass Gutmeister immer wieder zur Ehefrau nach Hause geht. Sie ist verletzt und beleidigt. Aber das gehört sich nicht. Denn sie ist ja selbst schuld. Hätte sie ihm nur misstraut, als er ihr sagte, dass er sich trennen wolle. Hätte sie nur daran gezweifelt, als er ihr versprach, nur noch dieses Weihnachten zu Hause zu verbringen. Sie ließ sich damals auf ihn ein, und nun hat sie den Salat. Selbst schuld. Das musst du nun auslöffeln bis zum bitteren Ende.

Leonie hat sich im Griff, ihre Affekte und Triebe kann sie unter Verschluss halten. Diese sperrt sie sorgfältig in eine Kiste ein, und der Schlüssel zum Schloss heißt: Selbstbeherrschung und Ideologie. Die Leonies dieser Welt basteln sich einen starken Glauben an starke Überzeugungen und Werte. So sind sie anfällig für Dogmen, Fanatismus, spirituelle Gruppierungen oder Sekten. In diesem Fall hat sich Leonie folgendes Konstrukt zusammengestellt: Gutmeister leidet unheimlich im Leben mit seiner Ehefrau. Er verlässt diese nur nicht wegen der Töchter. Bis diese 18 Jahre alt sind, bleibt er dort, dann kommt er zu ihr. Bis dahin gilt es, durchzuhalten und sein Leben mit ihrer Anwesenheit ertragbar zu machen. Sie macht aus ihm den Armen, den Leidenden, sie ist in Wahrheit seine Retterin. Und daran hält sie fest (Knochen) und knurrt ihre Freundinnen heftig an, wenn diese ihr eine andere Perspektive dieser Affäre aufzeichnen wollen.

Sie rettet sich in überkorrektes Verhalten, in Drill und Dressur, sie hält sich fest an Normen, Regeln und Prinzipien, und das ist ihre Art, ihre Aggressionen zu leben. Sie macht Gutmeister also keine Szene, weil er nicht am Abend bei ihr bleibt, sondern weil er fünf Minuten zu spät im Hotel erscheint. Im Namen des Anstands, der Pünktlichkeit und der Wertschätzung darf sie von ihm wenigstens verlangen, dass er rechtzeitig zum Stelldichein erscheint!

Man findet diese Art der unterdrückten Aggression oft bei Behördenmitgliedern, Militärs, Geistlichen oder Anwälten. Die sind zwar freundlich, schließen dir aber um 17 Uhr den Schalter vor der Nase zu, weil das die Regel ist. Und wenn du dich nicht daran hältst und zu wenig Zeit für die Parkplatzsuche eingerechnet hast, ist das dein Problem. Diese Art der Machtausübung ist fast etwas feige, hinterlistig. In Streitigkeiten und Krisen schweigen diese Menschen. Damit bestrafen sie dich schlimmer, als wenn sie etwas sagen würden. Jede Auseinandersetzung wird dadurch unmöglich. Damit haben sie ohne sichtbare Aggressionen enorme Macht ausgeübt, denn sie haben ohne Worte das letzte Wort. Eine andere Form kann Rederitis sein. Diese Menschen können dich auch zu Tode sprechen, sodass dein Wort nicht mehr zählt, nicht gehört wird und nicht in die Welt kommt. Nörgeln, sticheln, kritisieren sind weitere Aggressionsformen von bewahrenden Personen.

Beziehungsstatus unzufrieden – die Leiden der Kombinationen

Obwohl für Leonie die Beziehung mit Gutmeister ungenügend ist, belässt sie es dabei. Sie kann lange! durchhalten. Sie lässt den Knochen nicht so leicht los. Ihr Naturell verbietet es ihr einfach. Welcher Typ wäre für Leonie passend? Angenommen er wäre frei.

Unverheirateter Gutmeister als Abenteurer (A), Fliehkraft im Zentrum

Ein Mann mit Fliehkraft ist Leonie ein Graus. Er verkörpert alles, was ihr Angst macht. Er möchte dauernd Abwechslung, Risiko, Neues. Das passt ihr ganz und gar nicht in den Kram, und sein Verhalten triggert in einem fort ihre Grundangst vor der Veränderung.

Unverheirateter Gutmeister als Fürsorger (B), Fremdumkreisung im Zentrum

Ein fürsorglicher, liebender, um die Frau kreisender Mann hingegen ist ein guter Gegenpart für Leonie. Er kreist um sie und wird ihre Vorschriften, Regeln und Abläufe akzeptieren, weil er geliebt werden will. Vielleicht wird er mit der Zeit emotional ausgehungert sein, aber anfangs kann das gut klappen.

Unverheirateter Gutmeister als Bewahrer (C), Schwerkraft im Zentrum

Bewahrende Persönlichkeiten haben es gut mit anderen bewahrenden Persönlichkeiten. Beide stellen gemeinsam Routinen auf, administrieren ihr Leben, sparen gemeinsam, kaufen gemeinsam kein neues Sofa, sind beide sparsam in ihren Emotionen und haben sich auf einmal Sex im Monat geeinigt. Sie verteilen ihre Verantwortung in der Beziehung, und jeder hält sich daran. Nach außen hin sind das langweilige, aber lang andauernde Beziehungen.

Unverheirateter Gutmeister als Autonomer (D), Eigenumkreisung im Zentrum

Wenn sich Leonie mit einem Mann einlässt, der die Eigenumkreisung leben möchte und Pirouetten um sich selbst dreht, dann braucht es einfach die nötigen Regeln für die Distanzhaltung, dann kann sich Leonie damit abfinden und das durchziehen. Wenn sie ihre Grundwerte wie Sparsamkeit, genügend Geld, Pünktlichkeit etc. dadurch weiterleben kann. Manchmal willigen autonome Männer auch ein, eine Familie zu gründen. Die hat dann Leonie am Hals, aber das gefällt ihr, denn sie möchte Traditionen und Familie leben, und es stört sie nicht, wenn er dauernd auf Geschäftsreise ist oder auf dem Fußballfeld – solange es per Regeln abgemacht wurde.

Vorsicht vor zu viel Typologie

Wie immer an dieser Stelle möchte ich die Vorsichtstafel hochhalten. Wir *sind* nicht einfach ein Typ. Wir setzen uns aus verschiedenen Elementen zusammen, und in verschiedenen Systemen verhalten wir uns jeweils anders. Ich kannte mal eine Frau, die war total chaotisch am Arbeitsplatz. Sie hetzte herum und wollte es allen recht machen, am Schluss hatte sie die ganze Protokollarbeit und jedes unbeliebte Projekt am Hals. Sie verhielt sich also eher fürsorglich (B), kreiste um die anderen, und die bestimmten, was sie zu tun hatte. Kaum kam sie nach Hause in ihre kleine Wohnung, wehte ein anderer Wind. Alles lag aufgeräumt an seinem Platz. Strukturiert und gut organisiert war es bei ihr zu Hause. (C) Wenn sie dann einen Mann kennenlernte, dann wollte sie ihn nur zweimal im Vorfeld sehen und dann einen One-Night-Stand. Zu mehr konnte sie sich nicht hinreißen, denn das würde ihre schöne Ordnung zu Hause gefährden. Also benahm sie sich bei einer neuen Bekanntschaft sehr grenzbewahrend (D), sprich, sie kreiste um sich selbst und nicht um den anderen. Mit ihrer Freundin hingegen erkundete sie die Welt. Jedes Jahr ein neues Land, war ihre Devise. Diese bereisten sie gemeinsam, zwar nach ihren vorbereiteten Reisechecklisten, aber sehr offen für neue Kulturen und Gewohnheiten (A).

Ich möchte also nochmals darauf hinweisen, dass wir nicht einfach ein Typ *sind*, sondern uns in gewissen Systemen eine dieser Verhaltensweisen anziehen wie einen Pulli, der gerade dafür passend erscheint. Es heißt aber nicht, dass wir nicht auch die anderen Oberteile im Schrank hätten. Jedoch kann es sein, dass, wenn wir unter Druck geraten, wenn es kriselt, wenn es schwierig wird, wir das Oberteil wählen, mit dem wir die meisten guten Erfahrungen gemacht haben.

Du hast die Wahl!

Leonie, du hast also die Wahl, ob du den Knochen im Mund behältst, ihn nur ab und zu bekaust oder ihn fallen lässt. Eine Affäre sollte dir einen Mehrwert bringen. Sie sollte dich beglücken, sexuell befriedigen, das Verbotene sollte einem energetisierenden Kick gleichkommen. Du solltest dich auf deine Stelldicheins freuen, sie sollten Höhepunkte und tolle Erlebnisse verkörpern. Sie sollen deine Zellen mit Jauchzen, Freude, Erfüllung, Orgasmen versehen und dich nach dem Treffen mit deinem Geliebten mit mehr Energie als vorher zurücklassen. Falls das der Fall ist, bitte ändere nichts an der Situation.

Aber wenn du dir viele Sorgen machst, grübelst, dich abwertest, wenn du dich danach schlechter fühlst als davor, wenn dich die Situation fertigmacht, wenn dir dein Gewissen schlaflose Nächte bereitet, wenn du dir nicht mehr in die Augen sehen kannst, dich das viele Warten und Hoffen von innen auffrisst und aushöhlt, dann ist es höchste Zeit, etwas zu verändern. In dem Fall würde dir ein Schuss der Fliehkraft ganz

guttun. Ein bisschen Lust auf Neues, ein bisschen Risiko, ein bisschen Veränderung, ein bisschen mehr Emotionen. Genau das wäre wohl der Impuls, der den nötigen Abstand zwischen Zähne und Knochen brächte, um diesen aus dem Mund fallen zu lassen.
Du hast immer und stets die Wahl, in jeder Sekunde, etwas am Setting zu ändern. Du weißt vielleicht, dass ein Schmetterlingsschlag an einem Ort einen Tsunami an einem anderen etwas anderes auslösen kann. Also auch ganz kleine Veränderungen sind schon ein Anfang! Nur Mut!

Fragen an dich

- Welche Vorteile bringt dir die Position der Geliebten?
- Wenn du auf einer Skala von null bis zehn angeben solltest, wie hoch der Genuss ist, den du bei dieser Affäre hast, wenn null = kein Genuss und zehn = totaler Genuss bedeutet, wo stehst du?
- Wenn du auf einer Skala von null bis zehn angeben solltest, wie hoch dein Leiden ist, das du bei dieser Affäre hast, wenn null = kein Leiden und zehn = schmerzhaftes Leiden bedeutet, wo stehst du?
- Nenne mir mindestens fünf Gründe, die gegen eine Veränderung der Situation sprechen.
- Wenn du dir mehr Genuss und weniger Leiden schenken wolltest, was müsste in deinem Leben passieren? Achtung: Das, was passieren soll, muss zu hundert Prozent in deinem Einfluss stehen.

Affirmation

Sei eine Geliebte aus freien Stücken, nach deiner Wahl. Solange es dir dabei gut geht, genieße es. Sobald das Leid deinen Genuss mindert, kannst du etwas verändern.

GUDRUN– DIE EWIGE SINGLEFRAU (D)

Gudrun ist wie gesagt Single. Und das seit vielen Jahren. Ihr Traummann ist unerreichbar. Sozusagen Superman persönlich. Auch wenn es diesen absolut perfekten Mann aller Männer gäbe, er würde nicht sie als Partnerin wählen. Denn das wäre eine komplizierte Sache.

Starke Eigenumkreisung

Der Typ D nutzt die Erdrotation, um sich um sich selbst zu drehen. Diese Personen haben es gut mit sich selbst. Sie sind sich genug. Sie sind per se autark, unabhängig und auf niemanden angewiesen. Das ist sozusagen ihr Naturell. Sie brauchen niemanden, sie wollen keiner anderen Person verpflichtet sein, und alles, was ihre Unabhängigkeit gefährdet, ist unerwünscht. Diese Personen brauchen Abstand zu anderen. Kaum überschreitet jemand die Distanz, wird dies als Gefahr wahrgenommen. Gudrun möchte entsprechend nicht zu viel persönlichen und nahen Kontakt mit anderen, sie will keine Intimität. Menschliche Beziehungen möchte sie versachlichen, damit sie diese von links nach rechts schieben kann.

Auf andere wirkt Gudrun kühl, fern, distanziert und nicht leicht ansprechbar. Ihre Freundin Judith hat es manchmal schwer mit ihr. Da verbringen sie einen tollen Abend miteinander, Gudrun erzählt ihr von ihrem Traummann (Klappe, die Hundertste) und Judith verrät ihr geheime Sexwünsche, aber auf die WhatsApp »Liebe Gudrun, danke für den schönen Abend, ich schätze unsere Freundschaft«, gibt es keine Antwort. Es ist, als wenn Gudrun nach etwas Nähe erst mal viel Distanz aufbauen müsste.

Denn Gudruns größte Angst ist die Hingabe an einen anderen Menschen. Sie will die Zügel in ihren Händen behalten, sie will bestimmen, wie es läuft. Gefühle der Zuneigung, Liebe, Zärtlichkeit, Nähe, Intimität kann sie zwar genauso genießen wie alle anderen Menschen, aber dann auf einmal wird ihr das viel zu gefährlich, zu bedrohlich, und sie rudert sofort zurück zu ihrem einsamen, sicheren Felsen.

So entsteht oft eine Kontaktlücke, die mit den Jahren immer breiter werden und sogar bis zum Beziehungs- und Kontaktabbruch führen kann. Gudrun hat nicht mehr viele Freundinnen. Sogar ein Teil ihrer Familie hat sich von ihr abgewendet. Als sie vergaß, sich bei ihrer Schwester zu melden, die eine schwere OP hinter sich hatte, fand diese, sie wolle nichts mehr mit Gudrun zu tun haben. Die war überrascht, dass man von ihr einen Besuch im Spital erwartet hätte. Sie fand die Vorstellung, eine Person auf all ihren Hochs und Tiefs in ihrem Leben zu begleiten, abstoßend. Sie könne sich das nicht noch zusätzlich in ihrem Leben einrichten, da müsste sie ja stets auf dem Laufenden sein, was bei der Schwester so alles los sei. Das sei ihr zu mühsam.

Misstrauen hat gute Gründe

Weil sich die Gudruns dieser Welt etwas bedeckt halten mit nahen zwischenmenschlichen Kontakten, wissen sie auch wenig über die anderen. Sie haben kaum eine Vorstellung, wie es in anderen Menschen so aussieht. Sie berufen sich deshalb auf Vermutungen, die sich ganz aus ihrer eigenen Wahrnehmung erschließen. Durch den lockeren Kontakt zu anderen Welten liegt ihre Orientierung ganz in ihnen selbst. Deshalb sind sie nie ganz sicher, ob das, was sie beobachten, wirklich geschieht oder ob sie sich das nur so vorstellen. Daraus erwächst Misstrauen. So entstehen Erklärungswelten, die auf schwachen Füßen stehen. Die Eigenbezüglichkeit nährt dies die ganze Zeit. Was bleibt den Gudruns dieser Welt nun? Sie müssen sich mit sehr viel Intellekt und Ratio die Welt gut erklären, damit sie an diese glauben können und sie ihre Zweifel in den Griff bekommen.

Gudrun in der Liebe

Eine Beziehung, sich einlassen auf den anderen, sich öffnen, sich zeigen, das sind alles Dinge, die Gudrun widerstreben. Die Angst vor der Nähe wird in unverbindliche Kontakte aufgelöst. Sex ja, Liebe nein. Deshalb ziehen Gudrun auch Männer an, die selbst unnahbar sind. Da ist sie sicher, die wollen zwar Sex, aber auch nicht zu viel Nähe. Ganz schlimm war deshalb der One-Night-Stand mit Valentin für sie. Ein feinfühliger, liebevoller Mensch. Er stürzte sich auf Gudrun, verehrte sie, liebte sie, drehte sich um sie (Fremdumkreisung – B). Nach einer grandiosen Liebesnacht, Gudrun hatte zu viel getrunken und ließ ihre Abwehr- und Schutzbarrieren fallen, ließ sich mitreißen zu Liebe und Nähe, ließ sich in die Augen schauen und flüsterte Valentin zärtliche Koseworte ins Ohr. Sie war zu alkoholisiert, um in der Nacht noch nach Hause zu fahren. Also blieb sie bei ihm im Bett liegen, eng umschlungen, und Valentin wähnte sich im siebten Himmel. Er verstand die Welt nicht mehr, als Gudrun am nächsten Tag mit Bestürzung feststellte, dass er sich in sie verliebt hatte. Sie war wortkarg und stachlig während des liebevoll zubereiteten Frühstücks, und als er anfing, von einer gemeinsamen Zukunft zu schwärmen, packte sie ihre Jacke und stürzte davon. Auf all seine Anrufe, sein Betteln um ein Wiedersehen, ging sie nicht mehr ein. Das war ihr alles *too much*. Zu viel Nähe, zu viel Gefühl, zu viel Bindung.

Meine Freundin Susanne berichtete mir, dass sie mit einem Typen einen heißen Mailverkehr hatte. Dieser erzählte ihr viel von seinem Leben und war offen, lustig und unterhaltsam. Sobald es jedoch darum ging, sich auch mal persönlich zu treffen, zog er die Handbremse an. Das ist typisch für die Eigenumkreisungs-Persönlichkeiten. Aus der Ferne gute Schreiber, wollen sie jeden Nahkontakt vermeiden.

Wie man Liebe los wird

Eine gute Methode, den anderen in seinem Nähe-Versuch loszuwerden, ist, mit Zynismus alle Gefühle zu zerstören. Weil Gudrun merkt, dass sie sich nicht sehr liebenswürdig benimmt, verlangt sie vom anderen Liebesbeweise und Bewährungsproben. So erzählt sie Judith jeweils am Freitagabend ihre erweiterte Liste ihres Wunschmannes, oder sie analysiert das Verhalten des neu kennengelernten Mannes. Seine Liebesbeweise werden dann auseinandergenommen, bagatellisiert und sorgfältig angezweifelt. Meist kommt sie zum Schluss, dass er es doch nicht ernst genug meine und es keinen Wert habe, in ihn zu investieren. Also auch wenn Gudrun Peter aus dem Wanderverein an sich heranlässt, wird sie wohl systematisch seine Liebesbereitschaft zerstören. Denn auch Gudrun hat Sehnsucht nach einem Partner. Sie möchte sich auch mal hingeben. Sie will geliebt werden und lieben. Weil sie sich aber nicht so liebenswert verhält, ahnt sie, dass sie wohl Peter nicht halten kann. So ist sie wahnsinnig eifersüchtig auf Maria, die auf den Wandertouren oft dabei ist und sich gut mit Peter versteht.

Wow, das sind Aggressionen!

Die Gudruns dieser Welt sind super im Zeigen ihrer Aggressionen. Denn alles, was ihnen zu nahekommt, wird gleich erledigt. Lautstark oder perfide, beides können sie. Gudrun kann scharf, verletzend und brüsk jemanden zurückweisen. Sie kann schroff sein, eisige Kälte ausströmen und unerreichbar werden. Sie kann zynisch werden, feindselig, den anderen lächerlich machen und vorführen, sich zurückziehen. Das alles hat sie drauf, und alles dient nur einem: Ja keine Nähe entstehen lassen.

Beziehungsstatus unzufrieden – die Leiden der Kombinationen

Alles, was bei einer Beziehung zu Nähe und Distanzaufhebung führt, ist für eine Gudrun bedrohlich, und der Beziehungsstatus wird ungenügend, in ihrem Fall übergenügend.

Superman als Abenteurer (A), Fliehkraft im Zentrum

Wenn Gudrun auf einen Mann trifft, der alles jeden Tag neu erfinden will, der die Ausdehnung will, dann könnte das mit den beiden klappen. Denn der Mann ist nicht mit ihr beschäftigt, sondern mit sich. Sie hätten tollen Körperkontakt, wo sie immer wieder mal was Neues ausprobieren, sie würden viel reisen, Dinge zusammen unternehmen, und sie würde ihn sicher auch allein etwas unternehmen lassen. Solange sie ihm das Gefühl gibt, dass er ein toller Hecht ist, solange sie ihn nicht beschränkt in seiner Ausdehnung, in seiner Neugier und Lebensfreude, sondern ihn lobt, fördert, mitmacht, könnte das eine wärmere Beziehung geben, als wenn Gudrun mit Oskar zusammen wäre. Die Gefahr besteht lediglich, dass Roman, der Lebenshungrige, sich allenfalls nicht genug gesehen, gehört und geliebt fühlt von Gudrun, welche die Dinge ja nüchtern betrachtet.

Superman als Fürsorger (B), Fremdumkreisung im Zentrum

Wenn Gudrun auf einen Mann verfällt, der um sie kreist wie ein goldenes Kalb, dann nährt dies genau Gudruns Grundangst: die eigene Unabhängigkeit aufgeben zu müssen, sich jemandem hinzugeben, abhängig zu werden. Diese Beziehungsform ist also eher ungünstig.

Superman als Bewahrer (C), Schwerkraft im Zentrum

Mit dem Buchhalter Heinz gäbe es eine Zweckgemeinschaft. Wenn mit ihm die Abläufe und Routinen geklärt sind, wäre er loyal, treu, fleißig, zuverlässig an ihrer Seite. Er würde sich mit ihrer Distanz und Kühle arrangieren. Da auch er mit Gefühlen eher nüchtern umgeht, sie sparsam dosiert, nährt er Gudruns Ängste nicht.

Superman als Autonomer (D), Eigenumkreisung im Zentrum

Wenn Gudrun jemanden an ihrer Seite hat, der so funktioniert wie sie, haben sie wunderbaren Sex und unternehmen spannende Dinge. Wärme, Verbindlichkeit, Symbiose werden vermieden und gehen beiden nicht auf den Keks.

Systemische Verschränkungen

So erleichternd es sein mag, sich einem Typen zuzuordnen, umso komplizierter sind die systemischen Verschränkungen. Auch Gudrun möchte geliebt werden. Sie möchte sich hingeben, sich möchte verschmelzen. Was ich oft erlebe, ist, dass die Gudruns dieser Welt schon einige Versuche hinter sich haben, eine glückliche, erfüllende Partnerschaft zu leben. Doch wie es so ist im Leben, haben all diese Anläufe auch Narben hinterlassen. Es wurde gekränkt, verletzt, verlassen, betrogen, gelogen. Und obwohl eine Gudrun nach außen hin eher kalt und verkopft erscheint, hat sie ein Herz. Manchmal haben die Gudruns sogar ein besonders empfindliches Herz, welches sie durch eine Mauer an Kälte, Distanz und Abstand vor anderen Menschen schützen, um nicht (noch einmal) verletzt zu werden.

Herzschmerz garantiert

Ich glaube, ich darf das hier sagen: Sobald es um eine Liebesbeziehung geht, befinden wir uns alle auf einer wundervollen, aber auch sehr gefährlichen Abenteuerreise. Wir können im siebten Himmel Sterne umarmen, küssen und bejubeln und eine Sekunde später, manchmal nur durch ein einziges Wort, eine wegwerfende Handbewegung, das Nichtbeantworten einer Frage, im Höllenschlund landen. Dort schmoren wir im Feuer, verfluchen unsere Zuneigung, wünschen dem anderen die Pest an den Hals, schlagen um uns und könnten weinen, sodass jede Flamme unter Wasserfluten ersticken würde. Wo Liebe ist, sind starke Gefühle. Starke Gefühle machen uns schwach und verletzbar. Wir öffnen unsere Herzregion und lassen fremde Menschen hineinsehen, manchmal sogar hineingehen. Eigentlich müssten wir uns in solchen Momenten wie Herzchirurgen von oben bis unten keimfrei anziehen, vorsichtig und achtsam an so einen Herzbereich herangehen, am besten mit dem Anästhesisten einige Bereiche unempfindlich machen, damit unser Wandern keinen Schaden hinterlässt. Das machen wir aber nicht so. Wir gehen neugierig und munter drauflos und oft, nicht mal böse gemeint, verletzen wir den andern.

Wer nun keine Verletzungen mehr will, der muss sich der Liebe und der Nähe fernhalten. Und wer gerne eine Beziehung haben möchte, der braucht Risikobereitschaft für Herzverletzungen.

Die Geschichte *Das schöne Herz*[13] beschreibt dies wunderbar und treffend: Ein junger Mann verkündet auf dem Dorfplatz, sein unversehrtes Herz sei das schönste der Welt in seiner Vollkommenheit. Alle Umstehenden stimmen ihm zu, bis ein alter Mann behauptet, sein vernarbtes, löchriges Herz sei unübertroffen in seiner Schönheit. Denn jede Unebenheit sei das Zeichen für eine Begegnung voller Liebe. Da reißt sich der junge Mann ein Stück aus seinem eigenen perfekten Herzen heraus, gibt es dem alten Mann, und erhält dafür ein Stück des vernarbten Herzens. Ihre intensive Begegnung hat beiderseits Spuren hinterlassen.

Gudrun löst das nun anders. Sie träumt von ihrem Prinzen. Sie macht lange Checklisten, wie er sein sollte. In der Realität lässt sie sich bis zur Sexualität ohne Gefühle mit jemandem ein, und sobald einer an ihr Herz anklopft, ist sie weg. Schneller, als der Mann blinzeln kann.

Rezepte mit einer Prise Eigenumkreisung

Es kann sein, dass du dich sehr gut in Gudruns Beschreibung wiedererkennst, dies aber nur auf den geschäftlichen Kontext bezogen. Vielleicht bist du eine verhandlungssichere, kluge Geschäftsfrau oder eine klar denkende und handelnde Angestellte, die emotionsfrei ihren Job macht. Lose, unverbindliche Freundschaften pflegst du bei der Arbeit, mal ab und zu danach ein Prosecco oder ein Kinobesuch, und das gefällt dir so. Sobald du dich verliebst, verwandelst du dich in eine andere Energie. Du gehst von der Eigenumkreisung in die Fremdumkreisung über und rotierst nun um den Mann deiner Wahl. Du vergisst dich selbst und deine Bedürfnisse, die dir in der Arbeitswelt total logisch erscheinen, du unterwirfst dich seinen Wünschen, du planst deine Arbeit um ihn herum.

Oder, gleiches Szenario wie oben beschrieben: Du bist eine kluge Arbeiterin, hast einen netten Mann an deiner Seite, mit dem außer der geschlechtlichen Vereinigung nicht viel läuft. Ihr habt klare Abmachungen über Distanz und Nähe. Aber du bist hin und weg, sobald du dein Kind in den Armen hältst. Wenn du die Speckschenkelchen streichelst, den süßen Mund betrachtest, das unschuldige Wesen vor dir siehst, da kann es sein, dass dich jede Eigenumkreisung in genau dieser Minute verlässt. Du gibst dich diesem Baby hin, mit voller Wucht, deine Selbstwerdung stoppt jäh, deine Verbundenheit mit deiner Wahrnehmung und deinen Bedürfnissen wird mit einer Schere durchtrennt. Du spürst dich nicht mehr, du spürst nur noch die Liebe zu Baby Alice. Es kann Jahre dauern, bis du dich aufrappelst und wieder in eine ausbalancierte Form zurückfindest.

Bei einem Kind ist es für die Gudruns dieser Welt viel einfacher, sich hinzugeben. Weil das kleine Wesen schutzlos, ahnungslos und von Grund auf gut ist. Die Gefahr, verletzt und gekränkt zu werden, ist nicht ersichtlich oder spürbar. Doch manche Gudruns haben auch bei Kindern Mühe, ihr Herz zu öffnen. Sie bleiben gut organisiert, dosiert liebevoll, klar strukturiert in Erziehung und Aufzucht. Von außen kann man nicht sagen, sie macht es nicht gut. Sie macht alles, was es braucht.

Aber ohne große Emotionen und vor allem, sie hält sich selbst immer etwas außerhalb der Liebe.

Du hast die Wahl!

Gudrun, Typ D, du hast die Wahl, wo du deinen Regler auf der Beziehungsskala einstellen willst. Bei null gibt es von allem nix: keinen Mann, keine Beziehung, keinen Schmerz, nur Sehnsucht nach etwas, das dir sowieso Angst macht. Bei zehn gibt es alles: einen Mann, eine Beziehung, Himmelsküsse und Fegefeuer und vor allem der gerade Blick in deine Angst hinein, die Angst vor der Hingabe. Du bist die Chefin deiner Skalierung. Du kannst sie rauf- oder runterfahren und deine Risikobereitschaft selbst abschätzen. Du bist zudem frei, deinen Regler von Nähe und Distanz jederzeit und in jeder Sekunde umzustellen.

Fragen an dich

- Auf einer Skala von null bis zehn, wenn null gerade keine Lust auf Beziehung und Nähe beschreibt und zehn heißt, du wagst es, dich auf eine andere Person einzulassen, wo stehst du heute?
- Wenn du diese Zahl nun nimmst, wie bewertest du sie? Wie »gut« ist die Zahl für dich?
- Angenommen, es ist eine »gute« Zahl für dich, gibt es einen Unterschied zu deiner Umgebung? Würde deine Umgebung die gleiche Zahl abgeben? Wenn nein, wie erklärst du dir den Unterschied?
- Wenn diese Zahl keine »gute« Zahl für dich ist, wohin würdest du wollen auf der Skala?

- Was wäre anders in deinem Leben, wenn du deine Zahl um 0,1 Punkte erhöhen würdest?
- Welche Erkenntnis hast du aus diesem Kapitel gewonnen?
- Angenommen, du hast Erkenntnisse erarbeitet, welche davon sollte deine Umgebung wissen?

Affirmation

Es ist absolut in Ordnung, wenn du klare Wünsche und Bedürfnisse hast, die Distanz und Abstand zu anderen umfassen. Falls du mehr Nähe und Beziehungswärme spüren möchtest, liegt es in deiner Hand, das vorsichtig für dich anzupassen.

JUDITH – DIE STAGNIERENDE (C)

Judith ist bei Horst geparkt. Auch ihren Schwestern ergeht es so. Die eine hält ihr Herz warm mit hohem Engagement in ehrenamtlichen Tätigkeiten, die andere durch ihren Sechzig-Wochenstunden-Job als Anwältin.

Überlebensstrategien für stagnierende, geparkte Frauen

Diese Strategien, eine bereits totgelaufene Ehe aufrechtzuerhalten, sind ergebnisreich. Beziehungen werden ausgelagert auf Tiere und hilfsbedürftige Menschen und Kinder. Emotionen werden ausgelebt in Tagträumen, Schmuseeinheiten mit Tieren oder Kindern, in Freundschaften oder bei unterstützenden Taten. Es gibt viele dieser Strategien, die Frauen wählen, um sich bei der Ehe-Stange zu halten:

- Übertrieben viel Sport,
- übermäßiges Arbeiten,
- intensive Freundschaften,
- Ess- oder Trinkattacken,
- Ausweitung von anderen Süchten: Rauchen, Haschen, Koksen,
- auffallend viele Hobbys oder maßloses Frönen eines Hobbys,
- viele aushäusige Aktivitäten und generell ein voller Terminplan,
- ungesundes Abwandern in Religion, Astrologie, Esoterik, Spirituelles,
- extremes Kümmern um andere (Freunde, Kinder, Tiere, Familie, Nachbarn),
- Einkaufen, Shoppen, Geld ausgeben,
- etc.

Das sind alles Varianten, um das Herz am Leben zu erhalten. Denn wäre es allein mit dem Partner, würde es vor lauter Langeweile, vor lauter Nichts, manchmal auch vor lauter Beziehungskälte oder Kränkung über all das Nichtgelebte, Nichtgesehene, Übergangene und vor lauter Unlust einfach stoppen und keinen Schlag mehr tun. Meist kommen Frauen, die in solchen Beziehungen durchhalten, aus Elternhäusern, in denen auch durchgehalten wurde. Schon die Mutter hatte so gelebt, schon die Großmutter war so tapfer gewesen. Dieses Programm liegt also in der weiblichen Ahnen-DNA und wird so weitervererbt.

Übung: Deine Überlebensstrategien

Welches Strategiepaket hast du zusammengestellt, um in dieser stagnierenden Situation zu überleben? Schreibe sie auf. Dann nimm jede einzelne Strategie und schreibe dir auf, welche Vorteile du davon hast und welche negativen Auswirkungen sie möglicherweise mit sich bringt.

Ein Beispiel: Jeden Tag joggen zu gehen ist eine Strategie. Vorteile: Du bist topfit, hast jeden Tag Naturkontakt, kannst deinen Gedanken freien Lauf lassen. Du kannst deinen Frust und Aggressionen klein laufen und wirkst nachher ausgeglichen. Auswirkungen: Manchmal fehlt dir diese Zeit, um anderes zu erledigen. Dein Körper ist manchmal zu müde, um am Abend noch was mit Freunden zu unternehmen.

Job Description: die drei K's

Es ist all diesen Frauen aus diesen Generationen klar: Eigene Wünsche wahr werden zu lassen, persönliche Bedürfnisse zu befriedigen, auch zum Unwillen anderer, ist ein No-Go. Es herrschen biblische Verhältnisse: Die Frau ist für die drei K's auf diese Welt gekommen: Kinder, Kirche, Küche. Auch im 21. Jahrhundert hat sich an dieser Ursprungs-Job-Description nicht viel verändert. Während Frauen früher zwanzig Kinder gebären mussten (inkl. Totgeburten), um zwei davon im Erwachsenenalter gesund genießen zu können, müssen sie heute noch im Schnitt zwei gebären. Wer nicht will oder kann, wird schräg angesehen. Immer noch!

Das zweite K ist modernisiert worden. Es meint nicht mehr, dass Frauen in die Kirche gehen müssen. Aber sie sollen fromm anderen dienen. Sie sollen da sein für sämtliche Sozialanforderungen dieser Gesellschaft: Geburtstags-, Jubiläums-, Hochzeits-, Beerdigungsgeschenke, -karten und -blumensträuße kauft *sie* ein für alle wichtigen Ereignisse des Lebens und nicht *er*. »Du musst hier noch unterschreiben, Heinz« sind häufig gesprochene Worte, denn *sie* hat den Blumenstrauß besorgt, den Tisch im Restaurant reserviert und die Karte vorgeschrieben für den Geburtstag *seiner* Mutter. Das zweite K heißt also gesellschaftliche Ansprüche an Beziehung, Unterstützung und Hilfswerke managen.

Das dritte K wurde nicht modernisiert. Es bedeutet nach wie vor, dass *sie* für die Wohnung, die Sauberkeit, das Essen, das Wohlfühlen verantwortlich ist.

Frauen wie Judith haben früh gelernt: Diese drei K's sind eure Jobs. Was Judith hilft, bei der Stange zu bleiben, ist ihr Naturell als Bewahrerin. Sie möchte die Dinge bewahren, konservieren, achten. So auch ihre Ehe (auch wenn sie nichts mehr bringt). Sie fühlt sich in ihrer Welt sicher, aufgehoben und geborgen. Judith ist die Hüterin der Familientradition und fühlt sich gut dabei. Veränderungen erlaubt sie sich nur in ihren Fantasien. Da darf es auch mal ein anderer Mann sein, der sie berührt, aber da es ihn nicht wirklich in ihrem Leben gibt, muss sie nichts ändern, nichts anpassen. Wie wunderbar!

Humoristischer Exkurs zu stagnierenden Frauen

Eine Weisheit der Dakota-Indianer lautet: Wenn du entdeckst, dass du ein totes Pferd reitest, steig ab! Frauen formulieren das anders (Achtung Sarkasmus):

- Es werden viele tolle Geschichten über das Pferd erzählt, als es noch lebte.

- Täglich wird der Puls gemessen, vielleicht steht das Pferd doch wieder auf.
- Es werden astrologische Gutachten erstellt, um zu sehen, wann das Pferd (in diesem Leben) wieder aufstehen wird.
- In der Kirche oder beim Geistheiler wird darum gefleht, dass dieses eine spezielle tote Pferd wieder aufersteht.
- Mit Freundinnen wird über andere tote Pferde gesprochen, dann scheint das eigene Pferd zu Hause doch etwas weniger tot als das der Freundin.
- Frau stellt sich einen tollen, attraktiven Reiter vor. Da wirkt jedes tote Ross gleich wieder munter.
- Es ist gut, ein totes Pferd zu haben. Das redet nicht viel, will nicht viel und bringt im Alter doch genügend Rente und Sicherheit.
- Das tote Pferd wird pink angezogen, dann ist es wenigstens schön tot.
- Der tote Gaul wird mit Smoothies und gesundem Soulfood gefüttert – das weckt die Toten auf. Damit wurde alles versucht, es braucht kein schlechtes Gewissen mehr!

Gesellschaftskritische Frage zu toten Pferden

Frauen mit toten Pferden zu Hause sollten sich zudem die gesellschaftskritische Frage stellen, warum wir lieber ein totes Pferd am Boden liegen haben, statt sich über einen sauberen Parkettboden zu freuen. Warum Frauen, die lieber fünf neue Teppiche auf den Boden legen, statt den Puls des toten Pferdes zu messen, von der Umwelt als minderwertig, egoistisch, egozentrisch, narzisstisch, unweiblich etc. betitelt werden und diese Frauen es auch zu spüren bekommen.

Die Antwort: Wohin kämen wir, wenn Reiterinnen von toten Pferden abstiegen und sich ein neues Pferd suchen würden, das noch lebt? Es gäbe viel Wechsel, Ansprüche an Pferde würden steigen, tot im Wohnzimmer liegen zu bleiben, wäre keine Option mehr. Pferde müssten sich Mühe geben, fit zu bleiben, müssten selbst ihre Bedürfnisse kundtun und melden, wenn sie wieder eine Pause, mehr Hafer oder Wasser oder wieder mal guten Sex brauchen.

Was zur folgenden Konklusion führt: Wenn wir (Reiter und Pferd) aufhören, miteinander zu kommunizieren, jeder in seiner Position verharrt, keine Mitteilung über Wünsche, Ziele, Visionen, Veränderungsideen mehr macht, dann gibt es das gute Gespann bald nicht mehr, denn der eine schwingt die Peitsche, und der andere ist zu erschöpft für den nächsten Schritt. Kein Wunder, dass sich da so manches Pferd einfach mal hinlegt und aufhört zu atmen, nur noch die Hülle des Pferdes ist sichtbar, Geist, Seele, Herz und alles andere lebendige Innere sind verschwunden.

Beziehungsstatus unzufrieden – die Leiden der Kombinationen

Was Judith und ihre beiden Schwestern Petra und Elvira gemeinsam haben: Ihre Beziehung erfüllt sie nicht mehr. Petra arbeitet als Anwältin Tag und Nacht, während sich ihr Mann Stefan um Tochter Luisa kümmert. Elvira ist Hausfrau und umsorgt ihre Kinder voller Engagement. Wenn man sie nach dem Beziehungsstatus fragen würde, würden sie »unzufrieden« ankreuzen, jedoch gleichzeitig mit den Schultern zucken. Was soll's. So ist es eben. Alle drei haben einen Weg gefunden, wie sie die Unzufriedenheit durch anderes wettmachen können. Sie haben ein Strategiepaket zusammengestellt, wie sie trotz Unzufriedenheit ein gutes Leben haben.

Was Kinder alles bewirken

Alle Schwestern haben Kinder. Und für Kinder machen Frauen vieles. Sie ertragen, erdulden, gewähren unzumutbare Zustände ihretwillen. Sie halten aus, sie halten durch, sie bleiben am Ball, einfach, damit diese Kinder eine intakte Familie haben.

Was die Schwestern aber alle nicht wissen, ist, dass ihre Kinder diese unzumutbaren Zustände mitbekommen. Dass sie als Mütter damit die Blaupause ihrer Kinder prägen. Sie geben ihnen mit: Wehre dich nicht, schaue nicht hin, damit du nichts Schlimmes entdeckst, das dich bewegen könnte zu gehen, halte aus, halte durch, auch wenn die Umstände fast jedes Seelengerüst sprengen. Weil das Familiensystem das System ist, welches Menschen am meisten prägt, sind alle Regeln und Muster sehr einflussreich. Wie Judy Wilkings-Smith in ihrem Buch *Vererbte Gefühle* schreibt, prägen uns alte Familienmuster und beeinflussen unser Leben.[14] In diesem System von Judith, Elvira und Petra wird die Einstellung zu Beziehungen, Geld, Erfolg, Spiritualität, Lebenssinn geprägt. So wird Tochter Luisa von Petra lernen: »Arbeit ist der Sinn des Lebens, anderen aus der Patsche zu helfen, ist deine Pflicht, für Gerechtigkeit zu sorgen, ist deine Mission«, und von ihrem Vater bekommt sie die Information: »Nur die Familie zählt, Arbeit ist nur da, um Geld zu verdienen, sie muss keinen Sinn ergeben, nur den Lebensunterhalt sicherstellen.« Das sind natürlich ganz gegensätzliche Aussagen, mit denen Luisa ein Leben lang zu tun haben wird.

Elviras Kinder bekommen von ihr die Information mit, dass Frauen zu Hause bleiben und die drei K's bedienen sollten, und zwar mit Inbrunst. Dafür sei eine Frau da. Wenn nun eine der Töchter lesbisch ist und keine Kinder haben möchte, wenn sie weder kochen noch gemeinnützig tätig sein will, sondern als

Bankerin an der Börse viel Geld macht und im Jaguar herumbraust, dann ist sie diejenige, die das System verletzt.

Es hat mir gut gefallen, wie Judith Wilkings-Smith in ihrem Buch *Vererbte Gefühle* beschreibt, dass jedes System eine Art Gewissen aufbaut. Dieses Gewissen im Familiensystem ist dazu da, sein Überleben zu sichern. Wenn in Elviras System die Devise lautet, dass Frauen die drei K's sehr ernst nehmen sollten, dann werden diese Systeme anhand vieler Kinder sicher überleben und nicht irgendwo in der Sackgasse enden, wo alle nur noch ihr Leben genießen, ohne Nachkommen zu produzieren. Aber ein System soll sich auch weiterentwickeln. Das geschieht nur durch jemanden, der die Regeln verletzt, der ausbricht, der das Muster verlässt. Also könnte es sein, dass gerade diese eine Tochter von Elvira gegen das Gewissen des Systems handelt. Sie hat darum auch ganz sicher ein »schlechtes Gewissen«, wenn sie die Erwartungen ihrer Eltern und Geschwister nicht erfüllt. Aber genau sie ist die Chance, dass sie das Aushalten, Durchhalten, Schweigen über Bedürfnisse, Hinunterschlucken von Wünschen, Unterbinden jeder Eigenentwicklung durchbricht, und zwar mit ihrem eigenen Lebensentwurf.

Mut zum schlechten Gewissen

Ich möchte an dieser Stelle den stagnierenden Judiths dieser Welt Mut machen. Auch wenn sie mit einer Veränderung ihrer unzufriedenen Situation gegen das Gewissen ihres Systems verstoßen, könnten sie diejenigen sein, die ermöglichen, dass sich ein solches auch weiterentwickeln kann. Wir alle haben schon die Erfahrung gemacht, dass wir aus Krisen gelernt haben, dass uns überwundene Hindernisse gestärkt haben, dass wir aufgrund von Herausforderungen gewachsen sind. Kindern geht es genauso. Wenn wir ihnen also alle Steine aus dem Weg räumen, lernen sie nicht, wie man auf holprigen Straßen fährt. Wir sollten ihnen Hindernisse zumuten!

Außerdem schaffen wir es mit Sicherheit nicht, ihnen eine hundertprozentig astreine, problemfreie Kindheit zu bereiten. Resilienzforscher[15] haben aufgezeigt, dass es sogar günstig ist, dass Kinder üben dürfen, in eigener Kraft eine Herausforderung zu meistern. Das stärkt ihre Abwehr, das trainiert sie fürs Leben.

Judith hat sich entschieden

Was wäre nun, wenn Judith nicht mehr da wäre? Das ganze Gebäude wäre ohne diese Säule unstabil. Das würde den beiden Söhnen überhaupt nicht in den Kram passen. Obwohl beide über zwanzig Jahre alt und somit erwachsen sind, wären sie in diesem Moment wieder kleine Buben, die sich von der Außenwelt in ihrem Nest erholen wollen und jetzt beleidigt sind, weil das nicht mehr geht. Das Muster wäre durchbrochen. Judith würde eine Reise machen und sie besuchen. Den einen in London, den anderen in Berlin. Dann müssten *sie ihr* das Bier aus dem Kühlschrank holen. Es wäre eine verkehrte Welt, und doch, nur so könnte sie weiterentwickelt werden. Damit die Jungs den Horizont erweitern und auch eine selbstorganisierte weibliche Person mit einer eigenen Meinung in ihrem Leben Platz haben kann. Dafür müsste die Mutter zuerst sorgen, ja, kämpfen, und einiges an Ablehnung und Abneigung, an Anfeindung und Verletzung einstecken.

Solche Weltumkehrfunktionen, vor allem von eingefleischten Familiensystemen, vor allem, wenn sie über mehrere Generationen hinweg dauern und Judiths Mutter und ihre Mutter und deren Mutter alle schweigsam, bierbesorgend in Ehen bis zu ihrem

Tod geblieben sind, sind besonders herausfordernd und gehen selten ohne Kraftakt, viel Mut und einigen Herzschmerz ab.

Es kann sein, dass dieser Beschluss, ein anderes Leben zu führen, auch Horst aus seiner Routine und Beziehungsstarre reißt. Ihm wird durch die Drohung, dass die Familie zerbirst, bewusst, dass genau diese Familie und Judith das Wichtigste in seinem Leben sind. Er geht voll in den Konflikt hinein, ins Gespräch, ist bereit, mit Judith in der Paartherapie die letzten zwanzig Jahre der Beziehungskühle anzugehen. Er nimmt die Krise ernst und verwandelt sie in eine Chance: auch sein Leben zu beleuchten, und zu begreifen, dass auch er seine Bedürfnisse verdrängt hat. Er beginnt wieder mit dem Schwimmen, trifft seine Freunde von früher und stoppt den täglichen Bierkonsum (das war seine Überlebensstrategie). Die beiden entrümpeln ihre maroden Beziehungsmuster, sie werfen unnütze Abläufe über Bord, bestimmen neue Regeln, lernen sich neu kennen und schätzen.

Oder eine andere Variante: Judith wird Co-Trainerin der Rettungshunde-Ausbildung und trifft dabei auf Mark, der genau wie sie gern draußen ist, wandert, Radtouren macht, der Hunde und achtsames Zuhören liebt. Der Judiths Gedanken und Ideen hören möchte, der, anstatt Zeitung zu lesen, am Morgen fragt: »Wie hast du geschlafen? Was hast du geträumt? Erzähl mir von deinen Plänen für heute.« Judith fühlt sich gesehen, geachtet und geliebt. Sie blüht auf und wagt es, mit 59 Jahren einen Vortrag in einer anderen Stadt zu halten. Sie muss nicht mehr schweigen, sich nicht mehr klein machen, unterordnen, ein langweiliges Leben führen. Sie kann Dinge, die ihr wichtig sind, weitergeben. Sie kann weiterhin ihr Leben ordentlich administrieren und organisieren. Ihre aufgeräumten Schubladen, ihre Pünktlichkeit, Sparsamkeit und ihre klare Tagesstruktur hat sie in ihr neues Leben mitgenommen, jedoch angereichert mit

Lebenssinn und Freude an einer ausgeglichenen Beziehung auf Augenhöhe.

Du hast die Wahl!

Wenn dein Beziehungsstatus unzufrieden ist, deine Gesamtrechnung für das Leben aber plus ergibt, dann besteht keine Handlungsaufforderung. Warum etwas verändern? Jede Veränderung bringt Neues, Aufregendes, anderes, aber auch Abschied vom Alten. Und das kann schmerzen und weh tun und die Veränderung negativ einfärben.

Wenn bei der Erfolgsrechnung deiner Lebensbücher eine Null oder ein Minus herauskommt, dann möchte ich dich erinnern: Du hast die Wahl, etwas zu verändern! Und es muss in keinem Fall ein Rundumschlag sein. Davor haben die meisten unendlich viel Angst. Es geht nicht darum, den Mann zu verlassen. (Gut, diese Option hast du trotzdem noch zur Verfügung.) Sondern zuerst einmal braucht es eine Bestandsaufnahme deiner Unzufriedenheit. Achte darauf, dass du nicht eine Liste von Klagen aufstellst, wie z.B.:

- Horst kommt oft zu spät nach Hause.
- Er atmet zu laut.
- Er räumt zu wenig auf.
- Er sollte öfter duschen und seine Kleider wechseln.

Übung: Formulieren von Veränderungsideen

Nein, die Bestandsaufnahme sollte anders lauten. Du könntest meine Anfangssätze einfach fertig schreiben.

- Ich würde mir mehr .... wünschen. (Bsp.: Ich würde mir mehr Gespräche wünschen.)

- Es würde mich glücklich machen, wenn ich mehr ... (Bsp.: ... Anerkennung für meine Leistung bekommen würde.)
- Es ist mir wichtig, dass ... (Bsp.: ... wir miteinander die Wochenendplanung machen.)
- Ich würde gerne ... abgeben (Bsp.: den Großeinkauf.)
- Wenn ich so in mein Herz schaue, dann fehlt mir ... (Bsp.: Kuscheln, Schmusen, wilder Sex.)
- Wenn ich drei Wünsche hätte, dann wären das ... (Bsp.: eine Reise nach Marrakesch, eine lange Ganzkörpermassage vom Ehemann, vier Wochen lang keinen Haushalt machen zu müssen.)

Verstehst du den Unterschied der Bestandsaufnahme? Nicht der andere soll sich sofort verändern, damit begibst du dich in eine große Abhängigkeit. Sondern es geht zuerst einmal darum, deine heimlichen Wünsche, Bedürfnisse, Begierden zu eruieren.
Als Nächstes kannst du dir überlegen, wie du nun einen dieser Punkte umsetzen kannst, und ihn zu deinem Vorteil verändern.
Wenn du dir also mehr Gespräche wünschst, frag dich zuerst, was du dazu beiträgst, dass kommuniziert wird. Was tust du dafür? Was kannst du ändern? Anstatt also Horst den Vorwurf zu machen: »Immer schaust du am Morgen gleich in die Zeitung, anstatt mit mir über das kommende Wochenende zu sprechen«, könntest du doch einfach ein Gespräch von dir aus starten. Oft braucht es keine großen Klärungen für kleine Veränderungen. Es zu *tun*, anstatt darüber zu sprechen, ist etwas, das ich dir aus ganzem Herzen empfehlen kann. So kannst du deine Anliegen für dich be-

arbeiten und herausfinden, was *du* verändern kannst. Was *du* machen kannst. Wie *du dich* anders verhalten kannst.

Fragen an dich

- Wie viel Veränderung deiner Situation würdest du wollen? Wenn du eine Skala von null bis zehn nimmst, wäre null eine Minianpassung, und zehn wäre eine Totalrenovierung deiner Beziehung – wo würdest du deine aktuelle Situation sehen?
- Wenn du sofort etwas Kleines tun könntest, das dir guttut und eine kleine Auswirkung auf die Beziehung hätte, was wäre das?
- Wenn du etwas in deiner Beziehung unbedingt bewahren möchtest, was wäre das?
- Wenn du etwas in deiner Beziehung ersetzen wolltest, was wäre das? Was würdest du wogegen austauschen?
- Wenn du deine Grabrede schreiben würdest, worauf wärst du besonders stolz in deinem Leben?

Affirmation

Wenn du stagnierst in deinem Leben und dich dabei wohlfühlst, genieße die Ruhe und Gelassenheit. Wenn du ungünstig parkst, dann setz dich ins Auto und starte den Motor. Du hast unbeschränkt Zeit, auch in kleinen Schritten dein Lebensfahrzeug in eine günstigere Position umzuparken.

DIE HEILUNG UNZUFRIEDENER BEZIEHUNGSKOMBINATIONEN

Warum landen wir da, wo wir gerade sind? Warum wurden wir betrogen? Warum sind wir als Geliebte ständig dabei, zu warten und zu hoffen? Warum springen wir immer wieder fremd? Warum sind wir ewige Singles? Warum sind wir in einer totgelaufenen Beziehung geparkt und stagnieren vor uns hin?

Ich muss dich an dieser Stelle enttäuschen. Ich kann es dir nicht sagen! Die einzige Person, die diesem *Warum* auf die Spur gehen kann, bist du! Ich habe dir in den vergangen zwei Teilen einiges an Futter gegeben. Ich habe dir aufgezeigt, dass es gemäß Fritz Riemann vier Grundenergien gibt auf dieser Erde, die sich in Menschen widerspiegeln. Dass es die vier Kräfte Fliehkraft (A), Fremdumkreisung (B), Schwerkraft (C), Eigenumkreisung (D) gibt, die sich dann in vier Typologien (Abenteurerin, Fürsorgerin, Bewahrerin, Autonome) festmachen. Aus diesen Grundenergien können dann auch die jeweiligen Ängste abgeleitet werden. So möchte die Fliehkraft kein Einsperren in Unabänderlichkeiten, die Fremdumkreisung will lieben und auf keinen Fall verlassen werden, die Schwerkraft möchte alles bewahren und keine Veränderung erleben und die Eigenumkreisung auf keinen Fall eine Abhängigkeit vom anderen spüren.

Die Lösung liegt im Gegenpol

Angenommen, du möchtest einen zufriedenen Beziehungsstatus erlangen, dann braucht es eine Veränderung. Meistens haben wir hier an dieser Stelle die gloriose Idee, den *anderen* verändern zu wollen. Wie du im Kapitel »Lochkarte« erfahren hast, ist das leider ein psychosoziales Langzeitprojekt ohne Erfolgschancen. Du kannst nur das angehen, was zu hundert Prozent in deinem eigenen Einfluss steht. Und das bist du mit deinem Orientteppich.

Nach der Beschäftigung mit all den verschiedenen Typen und ihren Ängsten kann ich dir vorab ein Geheimnis verraten: Jeder Typ hat tolle Stärken und Kräfte. Und meist liegt eine Art Verbesserung der Situation *im Dazunehmen der entgegengesetzten Kraft.* Diese entgegengesetzte Kraft, die Grundenergie des anderen Pols, trägst du irgendwo in dir und setzt diese vielleicht in einem anderen System ein. Somit wäre die Kunst der Verbesserung des Beziehungsstatus, auf die Suche nach hilfreichen anderen Grundenergien zu gehen, sie zu finden und sie einzusetzen.

So kenne ich eine Frau, nennen wir sie Lucia, die hat das Kreisen um andere wie um ein goldenes Kalb sehr intus (B). Sie kreist um ihren Ehemann, die Kinder, die Freundin, die Nachbarn, macht es allen recht und vergisst sich dabei und missachtet auch ihr Bedürfnis nach Ruhe. Für sie läge die Heilung in einer guten Portion Selbstbezug, in der Fähigkeit, sich abzugrenzen, mal Nein zu sagen, sich auf sich und die eigenen Wünsche zu berufen (D). Da sie dies nicht macht, sorgt ihr Körper dafür, dass es geschieht. Er versorgt sie immer wieder mit einer starken Migräne und legt sie flach. Das pflückt sie aus dem Leben wie eine Blume und isoliert sie in einem dunklen Zimmer. Alles, was gerade am Laufen ist, wird jäh gestoppt, ob sie will oder nicht. Alle Anfragen um Hilfe, Unterstützung müssen und dürfen mit null schlechtem Gewissen abgewiesen werden. Das ist der Moment, in dem es eine neue Vorgabe gibt, sie muss an sich denken. Eigentlich hat sie Erfahrung mit der Abgrenzung, der Autonomie. In ihrer Heimatfamilie herrschte ein Helikoptervater, der alles kontrollierte, wissen wollte, sich überall einmischte und jede Grenze missachtete. Sie bot ihm in vielen kleinen und großen Streitereien die Stirn und kämpfte für ihre Unabhängigkeit. Nur hat sie diese Ressource mit dem Auszug aus ihrer Familie und der Heirat mit Richard vergessen. Höchste Zeit, sich nun daran zu erinnern.

Marlene dagegen kann nichts wegwerfen. Ihr Sofa steht seit zehn Jahren an der gleichen Stelle und ist durchgesessen. Aber sie kann sich nicht aufraffen, es zu ersetzen. Hier ist die Kraft des Beständigen, die Schwerkraft (C) eher hinderlich, ja fast lebensfeindlich. Ihr würde eine gute Portion Fliehkraft (B) guttun. Mut zu haben, Dinge zu verändern, Neues auszuprobieren (ein neues Sofa kaufen), sich auf ein Abenteuer einzulassen (das Wohnzimmer umstellen). Als Marlene pubertierte, plünderte sie den Kleiderschrank ihrer Mutter und zog deren ausgeflippte Klamotten an. Sie hat die Erfahrung gemacht, dass sie Neues ausprobieren kann und dass dann überhaupt nichts Schlimmes passiert, denn die erstaunten Blicke der Nachbarn tun nicht weh. Auch sie besitzt eine Erinnerung an die Fliehkraft.

Josianne verliert sich ebenfalls. Sie ist ständig unterwegs. Seit sie angefangen hat, Schach zu spielen, ist sie jedes zweite Wochenende auf Turnieren unterwegs. Sie ist so wissbegierig, dass sie entweder bis in die Nacht Schachbücher liest oder bei Tournieren zuschaut oder selbst welche spielt. Dadurch ist sie kaum mehr zu Hause. Die Wäscheberge türmen sich. Freundschaften werden bröcklig. Aber sie lernt dauernd neue Leute kennen, warum sich um die alten kümmern? Sie gibt als Journalistin ihre Texte nicht mehr rechtzeitig ab. Deshalb wurde sogar schon eine Verwarnung ausgesprochen. Vor lauter Fliehkraft (A) läuft sie Gefahr, einiges zu verlieren – Job, Freunde, Geld. Ein bisschen mehr Schwerkraft und Beständigkeit (C) wäre ganz gut für sie. Dann wäre sie vielleicht nur noch einmal im Monat auf einem Turnier und würde stattdessen bestehende Freundschaften pflegen, das Geld besser einteilen etc. Das Bewahren und Beschützen pflegt sie bereits: Sie räumt nach jedem Schachspiel ihre Figuren fein säuberlich in die Schatulle zurück. Sie hat in all der verrückten Zeit und Reiserei keinen einzigen Bauern verloren. Es ist allein eine Sache des Fokus!

Irene hat sehr viel Selbstbezug und Autonomie (D). Sie ist Führungskraft in der Industrie und hat nur eine Freundin. Die sieht sie auch nur zweimal im Jahr, weil sie viel arbeitet und unterwegs ist. Sie wird von anderen als kühl und selbstbezogen wahrgenommen. Einige halten sie gar für eine Narzisstin. Andere finden, sie stehe dem Ziel ihrer Firma, sich neue Märkte zu erschließen, nicht aufgeschlossen genug gegenüber, sondern sei fast fremdenfeindlich. Beim jährlichen Firmenausflug fährt sie mit dem eigenen Auto zur Skihütte, und die anderen betrinken sich im eigens dafür gemieteten Bus. Sie will nicht abhängig sein. Sie ist zwar oft bei dem Après-Ski dabei und ist als Unterhalterin gern gesehen, aber man schließt kaum Freundschaften mit ihr. Sie hat lose Bettgeschichten, nichts Ernstes. Ein Schuss mehr Einfühlungsvermögen in andere Welten würde ihr ganz guttun (B). Das würde ihre eigene Welt erweitern um andere Lebenspläne, Gedankenstrukturen, Gefühlshorizonte. Sie wäre für andere Personen nahbarer, sie hätte allenfalls eine oder zwei Freundschaften mehr und könnte sich auch auf eine Paarbeziehung eher einlassen. Bis zwanzig war Irene Hundebesitzerin. Sie hatte eine gute Hand für ihren Cockerspaniel, ging mit ihm regelmäßig raus, spielte mit ihm, kuschelte mit ihm. Sie kann sich also durchaus öffnen für eine Beziehung und für Nähe. Und es ist ihr nichts Schlimmes widerfahren. Sie wurde geliebt und verehrt. Diese Erfahrung könnte sie nutzen für die Veränderung ihres Beziehungsstatus.

Es zeigt sich, dass die *Heilung* der Grundangst meist im Gegenpol versteckt liegt. Wer Angst vor Hingabe hat (Eigenumkreisung), sollte sich ein paar Prisen Fremdumkreisung holen. Und umgekehrt. Wer Angst vor der Veränderung hat (Schwerkraft), sollte sich eine Scheibe Abenteuerlust der Grundenergie (Fliehkraft) abschneiden.

Wir haben auch gesehen, dass es bei den Kombinationen bei Paarbeziehungen solche gibt, die unsere tiefste Angst so richtig triggern, nämlich der Gegenpol. Wenn wir uns mit der gleichen Grundenergie zusammentun und eine Partnerschaft bilden, dann können wir uns sicher gut arrangieren, wir verstehen die Bedürfnisse des andern, weil wir diese auch haben. Hier besteht die Gefahr, dass das Partnersystem zu wenig neue Impulse bietet. Wenn wir uns nochmals den Regler vorstellen, dann gibt es Partnerschaften, die fühlen sich sehr einfach und vertraut an (gleiche Sorte), und andere, die sind sehr spannend und verlockend, bedienen aber auch am laufenden Meter unsere Grundangst und bedürfen deshalb viel mehr Kraft, Aufmerksamkeit und Austausch über eigene Bedürfnisse. Je mehr Diskrepanz in den Polen, desto mehr braucht es Gespräche, Feedbacks, Abmachungen, das Aktualisieren von Bedürfnissen und Wünschen, das Besprechen von Ängsten und Verständnis für die andere Lochkarte.

Wahrscheinlich ist dir bereits beim Lesen der letzten Seiten klar geworden, was auch du einmal ansprechen solltest. Nimm eine dieser Erkenntnisse und mache gleich die folgende Übung.

Gewaltfrei kommunizieren[16]

Vollende die vier Sätze:

- Ich habe beobachtet, dass ...
- Das löst bei mir ... aus.
- Mir ist wichtig, dass ...
- Für mich wäre es hilfreich, wenn ...

Dieses Format lässt sich für alle deine Anliegen gut verwenden, da sie den anderen nicht angreifen. Sie enden mit einer Bitte. Die andere Person kann sich überlegen, ob und wie sie auf diese eingehen will. Sie ist frei in ihrer Wahl.

Systemische Ergänzungen

Wie wir immer wieder gesehen haben, ist kein Mensch einfach ein Typ. Deshalb sind auch die Erklärungen nicht eindeutig. Du wirst dir kaum eine Antwort geben können: »Aha, ich bin abenteuerlustig, also bin ich einfach eine Seitenspringerin.« Meist haben wir viele verschiedene Verhaltensformen im Repertoire. Vielleicht leben wir die eine Energie in einem System deutlicher aus als in einem anderen. So können wir uns auch vorstellen, dass zwei Flickenteppiche sich begegnen. Sie sind aus verschiedenen Orientteppichen zusammengestellt und enthalten verschiedene Typen in unterschiedlichen Intensitäten:

Sie leben ihre Energien in unterschiedlichen Mengen in unterschiedlichen Systemen aus. Aber es gibt immer wieder Andockstellen, wo sich die beiden auch verstehen können. Manchmal braucht es einfach ein achtsames Hinsehen, Nachfragen, Forschen. So kann ich mich noch gut an eine Teilnehmerin erinnern, die mir erzählte, dass ihr Mann sich beunruhigend intensiv mit dem Hund beschäftigte. Kaum war er zu Hause, stürzte er sich auf den Hund und liebkoste ihn, ging dann mit ihm spielen, schaute mit ihm seine Lieblingsserie und nahm ihn mit ins Bett. Sie sei oft eifersüchtig auf den Hund gewesen, offenbar mochte er diesen lieber als sie. Als ich sie fragte, wo sie wohl so einen »Hundetanz« in ihrem Leben mache, meinte sie erstaunt: »Mein Friseursalon. Das ist mein Baby.« Und da erkannte sie, dass sie die gleiche Energie (Fremdumkreisung) wie ihr Mann hatte und diese einfach an einem anderen Ort auslebte.

Manchmal halten gewisse Projekte Menschen in total unterschiedlichen Energien zusammen. Ein Projekt können auch gemeinsame Kinder sein. Dann bleiben Paare noch länger zusammen.

Flickenteppichkonstellation deiner Beziehung

Zeichne deinen Flickenteppich auf. Zeichne denjenigen von deinem Partner auf. (Falls du immer wieder Single bist, dann entwirf das Muster deiner letzten Beziehungen, vielleicht wird hier eine Gemeinsamkeit sichtbar.) Frage dich nun:

- Wo berührt ihr euch? Welche Gemeinsamkeiten habt ihr?
- Wo gibt es wenig Berührungen? Wie kannst du auf diese kritische Stelle achtgeben?
- Wo gibt es keine Berührungen? Wie kannst du in eurer Beziehung diese Lücke berücksichtigen?
- In welchen Situationen sollte ich die Führung übernehmen, weil ich eine große Ausprägung einer Grundenergie habe?
- In welchen Situationen sollte er die Führung übernehmen, weil er eine große Ausprägung einer Grundenergie hat?

Ein Beispiel zu den letzten zwei Fragen: Wenn er stark in der Fremdumkreisung und in der Fliehkraft ist und sie ein Superstar im Bewahren und Eigenumkreisen, dann sollten sie die Ressorts einer Beziehung untereinander aufteilen. Er übernimmt:

Familienfeste, Freundschaften pflegen, die Planung von Ferien, Ausgehen und Kunst. Sie regelt die Finanzen, die Hausordnung und managt die Karriereplanung.

Wir sind in starke Familiensysteme hineingeboren worden, in welchen wir auch epigenetisch Verhaltensweisen, Emotionen und Denkweisen übernommen haben. Durch weiteren Kontakt mit anderen Systemen lernen wir neue Handlungsmöglichkeiten, andere Emotionen und verschiedenartige Denkvarianten kennen. Wir entwickeln uns, wenn wir wollen, somit fortlaufend weiter. Deine Analyse über dich wird also in zwei Jahren schon wieder anders ausfallen.

Vielleicht hast du das alles gelesen, um dich zu verstehen. Idealerweise verstehst du anhand dieses Modells auch andere. Zum Beispiel deinen Partner. Wenn du mit einem autonomen Partner zusammen bist, der in seiner Eigenumkreisung bleiben möchte, erwarte keine Hingabe, Gefühlsausbrüche oder Romantik. Die gibt es da nicht zu holen! Es wäre, wie wenn du in die Bäckerei gingest und eine Schweinsrippe verlangtest? Oder: Wenn du mit einem bewahrenden Mann unterwegs bist, dann fordere keine spontanen Ausflüge, neue Routinen und andere Abläufe ein. Das zerrt an seinen Nerven. Sperre keinen abenteuerlustigen Mann (Fliehkraft) zu Hause ein, sondern unternimm mit ihm etwas Verrücktes, lass ihn frei fliegen, damit er gern zu dir zurückkehrt. Lass dich von einem fürsorglichen Partner (Fremdumkreisung) verehren, anhimmeln und verwöhnen, aber wisse auch, dass er es schwer haben wird, sich auf sich und seine eigene Entwicklung zu konzentrieren.

Du hast die Wahl!
Schau hin zu deiner gewählten Kombination und entdecke die Chancen für die eigene Entwicklung, oder schau weg und beklage dich weiterhin über einen unzufriedenen Beziehungsstatus. Du hast die Wahl für deine Blickrichtung.

Fragen an dich

- Was kann ich vom Partner lernen? Was kann er gut, was ich noch nicht kann?
- Welche Ängste sind die meinen? Kennt mein Partner diese? Haben wir besprochen, wie er mit ihnen achtsamer umgehen kann?
- Welche Ängste sind die seinen? Haben wir besprochen, wie ich mit diesen achtsamer umgehen kann?
- Wo braucht es noch mehr Gespräche, Feedbacks, Absprachen, Erklärungen?
- Wie kommuniziere ich meine Anliegen am besten? Schriftlich? Mündlich?
- Wann ist ein guter Augenblick für eine Aussprache?
- Wie bereite ich mich optimal vor? Siehe Übung gewaltfreie Kommunikation.

Affirmation
Die Heilung liegt in meinen Gegenpolkräften, um meine starke Grundenergie zu relativieren und zu ergänzen. Je mehr verschiedene Energien und Kräfte ich in mir integrieren kann, desto einfacher ist der Umgang mit anderen.

DIE ZENTRALE NEUE FRAGE

Wir haben uns nun intensiv mit dem *Warum* beschäftigt. Doch da gibt es einen Haken: Wenn ich weiß, warum ich immer wieder fremdgehe, kann ich ein erhöhtes Verständnis für mich aufbringen. Ich kann es mir erklären, ich kann mich beruhigen, mich verstehen.

Als Nächstes poppt jedoch gleich die nächste wichtige Frage auf: Was willst du *stattdessen* in deinem Leben? Wohin soll die Reise gehen? Wenn du über deinen Ist-Zustand Bescheid weißt und wie er zustande gekommen ist, hat das noch lange keine Auswirkungen auf deinen Soll-Zustand. Was soll werden? Was ist dein Ziel? Diese Fragen sind genauso anspruchsvoll wie das Warum. Angenommen, ich habe Erklärungen gewonnen, warum mich jemand betrogen hat. Weil ich ihn mit meiner Angst, verlassen zu werden, genau dahin geführt habe, mich zu verlassen, weil ich ihm mit meiner übertriebenen Art der Umkreisung jeglichen Freiraum für Eigenrotation und Selbstbezug genommen habe. Gut, das habe ich nun gecheckt. Das Verständnis allein genügt aber nicht, damit wir uns in der nächsten Beziehung anders verhalten. Es braucht eine Handlungsänderung.

Was mache ich nun mit dieser Erkenntnis? Was möchte ich im Beziehungsstatus haben, damit er *zufrieden* ist? Wie möchte ich eine Partnerschaft gestalten, damit sie mir genügt? Was wünsche ich mir dazu? Was kann ich dazu beitragen (hundert Prozent eigener Einfluss), damit das Zukunftsprojekt gelingt? Das sind die zentralen Fragen, die gleich als Nächstes auftauchen. Dazu braucht es eine Vision, ein Bild, eine Vorstellung von der Zukunft. Die Warum-Frage beschäftigt sich mit der Vergangenheit. Die *Wohin-* und *Wozu-*Fragen richten sich ganz klar auf die Chance einer neuen Lebensgestaltung, die zukünftig sein wird.

Übung: Inneres Bild entwerfen

Nimm dir ein wenig Zeit und Muße für diese Übung. Am besten holst du dir ein Blatt Papier und Malstifte dazu. Dann knöpf die enge Hose auf oder zieh den BH aus, mach es dir gemütlich. Atme frei und lass dich inspirieren.

Gib dir die Erlaubnis, Ungeheuerliches zu träumen und zu wünschen. Stell dir vor, eine Fee wäre bei dir gewesen und hätte all das möglich gemacht, was du gleich vor dir sehen wirst: Wenn du dir dich vorstellst, in zehn Jahren, und du lebst genau das lebenswerte Leben, das du dir gewünscht hast, was siehst du vor deinem inneren Auge? Schließ die Augen und lass die Bilder kommen.

- Augen schließen und träumen.
- Male das, was du vor deinem inneren Auge gesehen hast, auf. Was hattest du an? Was hast du gemacht? Wie war dein Körpergefühl dabei? Wie war dein Gesichtsausdruck?

Wenn du das nicht weißt, frage dich diese Frage nochmals und schließe dazu die Augen. Ansonsten nimm einfach einen Stift und fang an zu malen. Manchmal weiß es auch dein Körper. Oder dein Unterbewusstsein. Was machst du da gerade beruflich? Was machst du privat? Lebst du allein oder mit einem Partner? Wenn du mit einem Partner lebst, wie ist das Gefühl mit ihm? Wie ist der Umgang mit ihm? Wie geht es dir dabei?

- Augen schließen und träumen.
- Male das, was du vor deinem inneren Auge gesehen hast.

Frag dich, wie du jeweils am Morgen aufstehst, mit welchen Gedanken an den Tag. Und wie du abends ins Bett gehst, mit welchen Gedanken an den Tag. Wie ist am Morgen und Abend dein Körpergefühl?

- Augen schließen und träumen.
- Male das, was du vor deinem inneren Auge gesehen hast.

Träum dich nochmals in deinen Körper hinein: Hat er sich verändert? Wie? Ist er leichter, schwerer geworden, voluminöser oder schlanker, ist die Haut blasser oder dunkler, wie geschmeidig ist die Haut, wie ist sie gealtert, wie bist du gealtert? Wie geht es deinen Gelenken? Wie steht es mit deinem Körperenergiehaushalt? Angenommen, es gibt Krankheiten – welche?

- Augen schließen und träumen.
- Male das, was du vor deinem inneren Auge gesehen hast.

Welche Handlungen machst du in der Zukunft häufig? Was macht dir dabei Freude? Wie verhältst du dich deiner Umgebung gegenüber?

- Augen schließen und träumen.
- Male das, was du vor deinem inneren Auge gesehen hast.

Beschreibe noch dein Umfeld. Wo lebst du? Wie lebst du? Welche Freunde sind dort? Wo befindet sich deine Ursprungsfamilie? Deine eigene Familie? Auf wen ist auch in Zukunft Verlass? Wer begleitet dich durch dick und dünn?

- Augen schließen und träumen.
- Male das, was du vor deinem inneren Auge gesehen hast.

Wie ist deine Lebensenergie? Worauf hast du noch Lust? Was sind dort deine Zukunftspläne? Wie geht es deinem Herz dabei? Wie nett bist du mit dir selbst? Auf welche

Ressourcen kannst du zählen (Geld, Zeit, Energie, Freunde, Arbeit etc.)?

- Augen schließen und träumen.
- Male das, was du vor deinem inneren Auge gesehen hast.

Denk an deinen Beziehungsstatus. Wie lebst du diesen? Wer ist dabei (und wer nicht)? Wie sind die Emotionen dabei? Was macht diesen Beziehungsstatus aus?

- Augen schließen und träumen.
- Male das, was du vor deinem inneren Auge gesehen hast.

Wenn du sterben würdest, unverhofft, bei einem Autounfall, und du würdest als Geist deiner Beerdigung beiwohnen: Welche Punkte sollte die Person, die die Rede über dich hält, unbedingt als wichtige Meilensteine der letzten zehn Jahre erwähnen, und was sagt sie zu deinem Beziehungsstatus?

- Augen schließen und träumen.
- Male das, was du vor deinem inneren Auge gesehen hast.

Wenn du nun deine Zeichnung so ansiehst:

- Was fällt dir auf?
- Was erschreckt dich?
- Was berührt dich?
- Was macht dir Mut?
- Was macht dir Angst?
- Welcher Beziehungsstatus zeichnet sich ab?
- Welches Motto wird sichtbar?

Ruf nun eine deiner sehr guten Freundinnen an und erzähl von diesem Bild. Bitte sag deiner Zuhörerin, dass sie einfach nur lauschen soll! Du möchtest dir dabei selbst zuhören, was du da alles fantasierst und erträumt hast. Sie soll bitte keine Wertungen abgeben (»Das ist doch absolut idiotisch!«). Sie soll auch keine Handlungspläne mit dir entwerfen (»Gut, was machst du nun als Nächstes?«). Denn wenn du das Bild deiner Zukunft mal eingeladen hast, dann wird sie nun durch die Zeichnung *von selbst aktiv.*

Wenn der richtige Zeitpunkt da ist, um solche Visionen umzusetzen, dann wird sich das in dir zeigen. Wenn es noch zu früh ist (Kinder zu klein, Schuldgefühle zu groß, Zweifel und Ängste zu stark), dann darfst du das Bild nun einfach an die Wand hängen und immer wieder mal liebevoll ansehen.

Affirmation

Du darfst und sollst deine Wünsche groß träumen. Sie werden von selbst kleiner, wenn sie sich mit der Realität befassen.

TEIL 3
Ausbruch aus Spiralen, Sümpfen und toxischen Denkmustern!

KRISEN SIND WEGGABELUNGEN. DU HAST DIE WAHL

In bin kürzlich in eine Glastür hineingelaufen. Und zwar mit voller Wucht. Es war am Ostersonntag, und meine Mutter meinte, ich solle die Männer begleiten, die gerade zu einem Spaziergang aufbrachen. Das war die Antwort auf meine Aussage, dass ich mich gerne kurz hinlegen wolle. Ich war also im Prinzip im guten Selbstkontakt mit mir, spürte meine Müdigkeit und meine Unlust auf diese Bewegungsrunde.

Den autoritären Auftrag an mich hätte ich auch ausschlagen können. Ich hatte die Wahl. Aber wie ein verschrecktes Kind folgte ich der Aufforderung meiner Mutter, und weil die Männer schon losgegangen waren, eilte ich ihnen hinterher. Ich ließ alles fallen, meine Wünsche, meine Müdigkeit, mein Bedürfnis und meine Vorsicht, auf Glastüren zu achten. Ich verlor mich innerhalb von einer Sekunde, und als Quittung knallte es. Laut, schmerzhaft. Die Welt erstarrte für eine Sekunde in sprachlosem Schmerzerstaunen, in einem nicht nachvollziehbaren, unsichtbaren Stopp.

Die Folgen waren erheblich. Ich bekam meine erwünschte Ruhe und lag auf dem Sofa mit Eisbeuteln auf der Stirn und der Nase. Was sich zuerst als »Nichts gebrochen« erwies, entwickelte sich mit den Tagen zu einer Gehirnerschütterung, ja, einem Schleudertrauma. Mein Gehirn war watteumwickelt, meine Gedanken verloren den roten Faden und die Konzentration, die Müdigkeit überkam mich mehrfach am Tag und abends bereits um 19.00 Uhr. Dies über mehrere Wochen. Ich suchte Osteopathen (Atlas wieder richten), Heilpraktikerin (Halswirbel lösen, Körpertrauma auflösen), Ärzte auf (»Ist was kaputt?«) und verbrachte Stunden in Praxen oder liegend im Bett. Die Hölle für jemanden, der normalerweise täglich tanzt, Yogaübungen, Bauchmuskel- oder Kraft- oder Ausdauertraining macht. Die Glastür hat mich nicht nur in meinem Impuls, mich nicht ernst zu nehmen, ausgebremst, sondern auch für einige Wochen einfach aus meinem Alltag gepflückt. Meine Arbeitsroutine war weg, meine Ressourcen mit dem Deckel des Schwindels und der Übelkeit verschlossen.

Wer ist schuld?

Es wäre nun wirklich sehr einfach zu sagen: Meine Mutter ist schuld! Die blöde Kuh! Was mischt die sich in mein Leben! Was bildet sie sich ein, mir zu sagen, was ich machen muss? Ich bin schließlich 54 Jahre alt!

Es wäre auch möglich, mir zu sagen: Das Leben meint es einfach nicht gut mit mir. Gerade bin ich über die Trennung von meinem Mann einigermaßen hinweggekommen, gerade hatte ich mich wieder aufgebaut und war energetisch gut unterwegs, da knallt es mich wieder raus aus der guten Energie. Ich bin einfach vom Pech verfolgt. Die Glastür stand einfach da in meinem Leben. Und ich hatte einen Unfall mit ihr. Doch nun habe ich die Wahl, wie ich mit alldem umgehe.

- Ich kann jammern und mich bedauern.
- Ich kann wüten und andere beschuldigen.
- Ich kann in Selbstmitleid versinken.
- Ich kann ungeduldig versuchen, doch Sport zu machen, um die langsame Genesung zu beschleunigen.
- Ich kann fluchen und das Leben ungerecht finden.

Doch das alles nützt nichts!

Wir haben die Wahl!

Auch ich habe die Wahl. Ich kann mich fragen: »Was lerne ich aus dem Vorfall?«, »Was merke ich mir fürs nächste Mal, wenn man mir vorschreiben will, was zu tun ist?«, »Wovon könnte ich nun profitieren? Was nützt mir diese Krise, dieser Unfall?«, »Was ist positiv im Negativen?« Wie immer haben wir die Wahl zwischen den verschiedenen Richtungen!

- Ich lerne, dass ich trotzdem viel wert bin, auch wenn ich müde bin und nicht so viel leiste.
- Ich darf erfahren, dass ich mich auf meine Mitarbeiterinnen, meinen Freund, meine Schwester, meine Familie verlassen kann, wenn es mir nicht gut geht. Und hey, das tut meiner Seele so richtig gut.
- Ich entdecke das Spazierengehen und bin wieder mehr draußen.
- Ich nehme mir mehr Zeit für meine Reflexionen.

Für eine Weile ausgebremst zu sein, heißt nicht stagnieren! Heißt nicht, dass man keine Wahl hat. Sondern auch wenn einen die Umstände *zwingen*, wie mich beispielsweise in eine unfreiwillige Liegeposition, habe ich immer noch die Wahl, wie ich mit diesem Zwang umgehe und ihn bewerte. Ob ich ihn hasse und mit ihm streite und im Widerstand mit ihm bin. Oder ob ich ihn einfach annehme und das Beste daraus mache.

Übung: Aus Mist Dünger machen

Nimm ein Ereignis, das vor einigen Jahren stattgefunden hat und das du damals als leidvoll, unerwünscht und vielleicht auch saudoof empfunden hast. Frag dich nun: »Welche Kompetenzen habe ich mir durch diese Situation angeeignet? Welche Gummistiefel habe ich angezogen, um durch den Mist durchzugehen? Wie war meine Nasenklammer beschaffen, damit ich nicht am Gestank erstickt bin? Welchen Dünger habe ich aus alldem produziert? Was wächst nun daraus?«

Nun nimm ein Projekt, in dem du gerade steckst. Zum Beispiel die Beschäftigung mit deinem Beziehungsstatus. Angenommen, in drei Jahren frage ich dich: »Was hast du aus dieser Beziehungsstatus-unzufrieden-Zeit alles gelernt? Welche Kompetenzen hast du dir angeeignet? Mit welchen Strategien warst du erfolgreich? Welche Gedanken, Emotionen, Handlungen hast du dir neu an Bord geholt?« Was würdest du mir antworten?[17]

VORTEILE DER OPFERHALTUNG

In einem schönen Weiterbildungskurs über Achtsamkeit habe ich die vielsagende Formel gelernt: *Leid gleich Schmerz mal Widerstand.* Je mehr Widerstand wir haben, etwas zu akzeptieren, je stärker wir uns wehren und etwas nicht annehmen wollen, desto mehr erhöhen wir unser Leid. Denn der Schmerz, den wir fühlen, multipliziert sich. Du wirst mir recht geben; manchmal wollen wir es aber nicht akzeptieren. Wir wollen jammern. Ganz laut! Wir wollen allen davon erzählen. Wir wollen uns beklagen und so richtig eintauchen ins Leid. Und das hat durchaus Vorteile!

Jammern ist eine uralte Form von Kontaktanfrage. Wir erhöhen das Mitgefühl von andern uns gegenüber. Wir bekommen Zuwendung, Zuspruch, Hilfsangebote, Empathie, Aufmerksamkeit und vieles mehr. Es lohnt sich also manchmal durchaus, laut zu klagen. Ein Opfer der Umstände, von Menschen und dem Schicksal zu sein, bringt durchaus Vorteile. Wir müssen keine Verantwortung für uns selbst und unser Handeln (oder Nichthandeln) übernehmen, wir können nichts dafür und haben tausend Beweise dafür, dass sich nichts ändern lässt.

Es gibt Frauen, die haben die Opferhaltung als Grundmuster erlernt, vielleicht von ihren Eltern vorgelebt bekommen. Die Mutter einer Freundin war so. Wenn wir sie besuchen gingen, dann freute sie sich nicht, dass wir da waren. Sondern sie beklagte sich über ihren Sohn, der sie *nicht* besuchen kam. Das war Programmpunkt eins. Als zweite Jammerstation kamen die körperlichen Leiden, die ausführlich beschrieben und beklagt wurden. Dann kam das Schimpfen über die Nachbarn, das Wehklagen über die politische Lage und das Trauern über den verfrühten Tod des Bruders. Nach einem Kaffee und einem Kuchenstück und dem Motz-Jammer-Kotz-Kübel kehrten wir total beduselt und erschöpft wieder in unsere jeweilige WG zurück. Meine Freundin litt dann noch zwei Wochen unter schlechtem Gewissen sowie Selbstvorwürfen, eine schlechte Tochter zu sein, und der Enttäuschung darüber, dass sie keine Freude generieren konnte.

Für die Mutter hatte diese Haltung also viele Vorteile: Die Tochter fühlte sich schuldig und kam regelmäßig an den Sonntagen vorbei. Mit ihren Freundinnen traf sie sich regelmäßig zum Kaffeeklatsch, wo dann im Trio oder Quartett um die Wette gejammert und wehgeklagt wurde. Die Unglücklichste unter ihnen wurde dann gekürt und dafür gelobt, wie tapfer sie die Unbill des Lebens ertrug. Es herrschte eine Opfersolidarität unter ihnen, die stärkte und nährte.

Jammern dient dem Beziehungsaufbau

Jammern, Klagen und Lamentieren. Das ist eine berühmte Form von Beziehungsaufbau oder -festigung. Dazu gibt es die Geschichte, sogar aufgezeichnet auf Film,[18] von der Herde Wasserbüffel, die nichts ahnend am Fluss trinken. Sie werden von hungrigen Löwen umzingelt, die eine ausgeklügelte Strategie verfolgen: Sie trennen die Alten und Schwachen vom Rudel, um sie dann zu verzehren. Als sie angreifen, können sie ein Wasserbüffelbaby von den andern absondern und umzingeln es. Das Baby fängt an zu schreien, zu jammern und zu klagen. Ganz laut. Es hat Erfolg. Die fliehende Büffelherde stoppt – die Beziehungsfestigung durchs Jammern in der Not zeigt Wirkung –, kehrt um und stürmt zurück. Die erstaunten Löwen erschrecken sich über diese ihnen unbekannte Reaktion so sehr, dass sie fliehen. So kann sich das Baby retten mit seinem Geschrei.

Menschen machen das Gleiche: Sie können durchs Jammern eine Beziehung aufnehmen oder stabilisieren.

Als ich jünger war, hatte ich eine Freundin, die immer über ihre Finanzen jammerte. Sie könne sich nichts leisten, sie müsse nun wieder die Steuern zahlen, sie sei wirklich zu bemitleiden, während wir ins Restaurant gehen könnten, müsse sie ihr trübes Sandwich allein essen etc. Was geschah? Sie wurde von der Gruppe zum Essen im Restaurant eingeladen, ich kaufte ihr ein neues Kleid, weil sie ja nur eines hatte, eine andere Kollegin nahm sie mit in den Urlaub. Ihr Klagen zeigte vollen Erfolg. Sie bekam, was sie wollte, nämlich Aufmerksamkeit und Geld.

Du hast die Wahl!

Um ganz ehrlich zu sein – wir Menschen sind gut aufgestellt und sehr intelligent. Wir tun meist nichts, was unter dem Strich nichts bringt. Also jammern wir, wenn wir damit Aufmerksamkeit und Zuwendung bekommen. Und wir analysieren Krisen und sehen ihre Vorteile, wenn wir uns als selbstorganisiertes und entwicklungsfreudiges Wesen wahrnehmen. Wir haben etwas davon! Du hast also stets die Wahl. Sei dir darüber im Klaren: Wenn du unbewusst wählst, dann ist das immer zu deinem Vorteil.

Fragen an dich

- Wie bewusst ist mir gerade, welche Haltung ich einnehme?
- Welchen Vorteil hat mein Modus aktuell?
- Was erreiche ich mit meiner Haltung?

- Wie gut bin ich im Annehmen von Widrigkeiten? Auf einer Skala von null bis zehn, wenn null bedeutet: »Ich verweigere die unerwünschte Situation« und zehn heißt: »Ich akzeptiere den Mist« – welche Auswirkungen hat deine Nummer auf dein Leid?

Affirmation

Du kannst davon ausgehen, dass du nichts unternimmst, was dir bewusst schadet.

ENTSCHEIDUNGEN STEHEN AN, OH WEH!

Das führt uns zum Thema: Wenn du die Wahl zwischen A und B hast, dann musst du dich entscheiden. Und es scheint, als sei das die erste Prüfung auf dem Weg zum Glück.

Vielen Frauen fällt es unheimlich schwer, sich zu entscheiden. Soll ich den gelben Pulli kaufen oder den grünen? Oder beide? Oder keinen? Oder einen ganz anderen? Wer kennt das nicht? Ich bekenne mich an dieser Stelle als außerordentlich unentschlossen. Aber auch ohne Entscheidung habe ich mich entschieden: dafür, nicht zu entscheiden.

Die Bahnhofsmetapher

Mein Vorbild in Sachen gute Erklärungen, Dr. Gunther Schmidt,[19] hat das mal so beschrieben: Du stehst in Uster am Bahnhof. Auf Gleis 1 fährt der Zug nach Zürich. Gleich nebenan, auf Gleis 2, fährt der Zug nach Rapperswil. An beiden Orten findet am Abend ein Stadtfest statt. Es ist 16.45 Uhr, und du wägst ab, ob du nun nach Zürich oder nach Rapperswil fahren sollst. 16.47 fährt der Zug nach Zürich ab, ohne dich. Du bist verzweifelt. Willst du nun nach Rapperswil? 16.48 fährt auch der Zug nach Rapperswil ohne dich ab. Du glaubst, dass du völlig unentschlossen warst. Aber in Wirklichkeit hast du dich entschieden, nämlich dafür, in Uster zu bleiben.

Wenn wir uns nicht entscheiden können, dann ist offenbar die dritte Variante, der Ist-Zustand, das jetzige Setting, das Nichts-Tun, das Nicht-Handeln besser als die beiden Varianten, die du im Kopf abwägst.

Wir haben gute Gründe, sehr wankelmütig zu sein. Zu Recht haben wir große Angst davor, uns für eine Variante definitiv zu entscheiden. Denn wenn du im Zug nach Zürich sitzt, dann kannst du nicht mehr nach Rapperswil. Und Uster ist dann auch vorbei. Gut, ich kann in Zürich aussteigen und wieder zurück nach Uster fahren. Finde ich dann alles noch gleich vor wie bei meiner Abreise? Warten meine Freunde noch auf mich? Wohl kaum. Jeder Schritt in eine Richtung hat *Auswirkungen!*

Angst vor Folgen

Und das wissen wir! Und vor den Konsequenzen fürchten wir uns. Denn wie immer planen wir nicht unbedingt unseren Untergang, sondern unseren Erfolg. Aber der liegt in der Zukunft und ist unsicher. Wir wissen nicht, ob das Feuerwerk in Rapperswil genauso schön und ergreifend sein wird wie das in Zürich. Wir müssen eine Annahme für die Zukunft treffen und haben nur Parameter von heute dafür zur Verfügung. Die Fehlerquote für unsere Erfolgsberechnung ist also gegeben, die Sicherheit, ob die Entscheidung sich günstig auf uns auswirkt, ist eine reine

Annahme, ja mehr eine Hoffnung. Das Rapperswiler Feuerwerk könnte ergreifend sein, aber der Ausflug dahin könnte auch in die Hose gehen: Wir bekommen einen schlechten Sitzplatz, um uns herum grölen die Betrunkenen, wir fühlen uns unwohl. Und dann: Dann beschimpfen wir uns. Wir schreien uns innerlich an oder sprechen mit höhnischer Stimme: »Wie doof warst denn du bei deiner Entscheidung! Hättest du dich doch für Zürich entschieden. Dort feiern nun die Leute in einem großen Glücksgefühl den 1. August, und du stehst hier am hinterletzten Ort in der Schweiz und befürchtest, angekotzt zu werden. Wie mies hast du entschieden!«

Ich als Maya Gegenwart, nennen wir sie Maya G., weiß also ganz genau, dass, wenn meine Entscheidung ärgerliche Folgen hat, die Maya der Zukunft, nennen wir sie Maya Z., sehr unfreundlich und sogar hart mit mir ins Gericht gehen wird. Aus Angst vor mir selbst, vor Maya Z., muss ich wirklich ganz sicher sein, gute Argumente zu haben, damit ich diesen Vorwürfen standhalten kann. Bin ich nicht sattelfest, bleibe ich lieber in Uster. Ich bekomme zwar kein Feuerwerk, aber auch keine Vorwürfe. Meine ich jedenfalls. Als es jedoch um 22 Uhr zu krachen anfängt, erwacht Maya Z. und schimpft drauflos: »Wie konntest du nur in Uster bleiben und alle Feuerwerke verpassen?«

Sei freundlich mit dir![20] Wir sollten uns nun an dieser Stelle ein Versprechen geben. Da du schon sehr unglücklich über den schlechten Ausgang deiner Entscheidung bist, bräuchtest du eigentlich Trost und Zuspruch, Verständnis und Fürsorge und keine Schelte. Also:

Übung: Schreib dein Versprechen für Entscheidungen auf, die sich als mies erweisen könnten

Meines lautet: »Maya, ich verspreche dir, dass ich bei Entscheidungen, die in die Hose gehen, freundlich mit dir bin. Ich verspreche dir, dass ich dich innerlich in den Arm nehme und dir tröstend übers Haar fahre und sage: ›Das ist jetzt ein Moment des Leidens. So hast du dir das nicht ausgemalt. Du wolltest das Beste für dich. Es hat einfach nicht geklappt. Lass uns nun das Beste daraus machen. Was täte dir jetzt gut?‹«

Wie lautet deines? Ähnlich wie ein Ehegelöbnis sollten wir ein feierliches Ritual daraus machen. Vielleicht zündest du dir eine Kerze dazu an? Oder liest dir das Versprechen bei Vollmondnacht vor? Auf alle Fälle solltest du es präsent haben, wenn das nächste Mal etwas nicht so herauskommt, wie du es dir erhofft hast.

Du hast die Wahl!

Du hast nicht die Superkraft, in die Zukunft zu sehen, und deshalb können Dinge in die Hose gehen. Aber wie du dann mit dir umgehst, das liegt ganz in deiner Hand. Du hast die Wahl, dich fertigzumachen oder sehr freundlich und lieb mit dir zu sein.

Fragen an dich

- Wie gehe ich mit mir um, wenn Entscheidungen schiefgehen?

- Wie wertschätzend gehe ich mit mir um, wenn Entscheidungen gut ausgehen?
- Wie gehe ich mit anderen um, deren Entscheidungen schlechte Auswirkungen haben, z. B. auf mich selbst?
- Wie ist meine Familie jeweils mit solchen Entscheidungen umgegangen? Verhalte ich mich genauso oder hebe ich mich davon ab?
- Wie gehe ich mit meiner Freundin um, wenn sie unter der negativen Folge einer Entscheidung leidet? Könnte ich mir davon eine Scheibe abschneiden und auch so mit mir umgehen?

Affirmation

Keine Entscheidung ist auch eine Entscheidung. Sei freundlich mit dir, wenn du dich für den Status quo entscheidest. Oder wenn deine Wahl ungünstige Auswirkungen hat.

DER KÖRPER WEISS ES, VERTRAU IHM!

Wir sind im Dschungel auf Safari. Auf einmal knistert es unheimlich im Gebüsch. Du wirst dich, ohne zu denken, für eine der drei Optionen entscheiden, und zwar in Hundertsteln von Sekunden:

- Du erschrickst und haust mit deiner Machete um dich.
- Du schreist auf und rennst schnell zu den anderen.
- Du bleibst stehen und erstarrst.

Diese drei Verhaltensweisen kommen in deiner Urprogrammierung vor. Ohne zu denken, handeln wir sofort, unmittelbar. Der Körper weiß in der jeweiligen Situation, welche der drei Varianten die beste ist, und handelt entsprechend, ohne dich vorher zu fragen und mit dir darüber zu diskutieren, welche Möglichkeit wohl die intelligenteste ist:

- Angriff
- Flucht
- Erstarren

Dies wird auch *fight, flight or freeze* genannt. Das sogenannte sympathische Nervensystem wurde aktiviert und reagiert. Ohne diese drei Verhaltensweisen und diese Urprogrammierung gäbe es uns nicht. Die Säbelzahntiger hätten uns alle aufgefressen, wenn wir im Moment der Wahrnehmung von Gefahren angefangen hätten, wie am Bahnhof in Uster zu überlegen, wie wir uns wohl am besten zu verhalten hätten. Soll ich nun rennen oder kämpfen oder mich tot stellen? In dieser Zeit hättest du ein herrliches Mittagsmahl abgegeben. Diese drei Reaktionen laufen *automatisch* ab. Sie wurden im sogenannten Reptilienhirn (evolutionär ältere Hirnregion) vor Urzeiten entwickelt.[21] Die Auswirkung auf andere ist in dem Moment absolut hinfällig. Es ist der Körper, der hier entscheidet. Und der weiß, was er will: überleben.

In der Evolution der Menschheit ist später der Neocortex (phylogenetisch jüngster Teil des Endhirns) dazugekommen. Er ermöglich höhere kognitive Fähigkeiten wie das Denken oder die Sprache. In vielen Dingen ist so ein kognitives System ein absoluter Vorteil. Bei Entscheidungen spielt es uns jedoch einen großen Streich. Unser Denkapparat ist wie ein Riesenrechner, der mit allen Variablen gefüttert werden will, damit er stundenlang alle möglichen Auswirkungen errechnen und eine Risikoanalyse erstellen kann.

Dein somatischer Marker reagiert sofort

Stell dir vor, du hast dein Traumauto gekauft. Es glänzt noch ganz frisch, hat keinen Kratzer, du hast erst eine kleine Ausfahrt hinter dir, und das Fahrzeug ist dein ganzer Stolz. Die Nachbarin läutet. Sie hat dein neues Auto gesehen und fragt, ob sie es kurz ausleihen könne, sie wolle gern zu Ikea fahren und ein paar Möbel kaufen.

Dein Körper weiß es! Ein Zucken im Bauch schreit die Antwort: *Neiiiiiin!!* Maja Storch, Psychologin und Begründerin des Züricher Ressourcen Modells, nennt diesen somatischen Marker, das kurze Zusammenziehen im Bauch, den du gespürt hast, *Strudelwurm*.[22] Strudelwürmer gibt es wirklich, und sie sind eine der dümmsten Spezies überhaupt. Sie schwimmen unter anderem im Zürichsee und verstehen nur zwei Dinge: ja und nein. Ja heißt hinschwimmen, nein heißt wegschwimmen. Jeder von uns hat so einen Strudelwurm in sich. Warum uns lange quälen mit langen hochgerechneten Risikoanalysen? Der Wurm kann mit Bestimmtheit sagen, dass wir das Auto nicht hergeben wollen. Wenn der Strudelwurm sprechen könnte, würde er ausrufen: »Um Himmels willen. Mein nagelneues Auto auf dem überfüllten Ikea-Parkplatz, Möbel, die eingeräumt werden: Kratzergefahr, Schmutzgefahr, Unfallgefahr. Ich will nicht!!!«

Leider schaltet sich nun der Neocortex ein. Was denkt sie, wenn ich Nein sage? Ich schulde ihr noch einen Gefallen. Sie hat mir das letzte Mal, als ich so krank war, die Kids abgenommen. Wenn ich es ihr nicht gebe, ist sie nachher beleidigt, unsere

Nachbarschaft leidet darunter. In dir toben die zwei Kräfte: dein Inneres, dein Körper, dein Gefühl, will *nicht*. Dein Verstand sagt dir, du *musst* aber. Was wirst du tun? Seit René Descartes wissen wir, wer gewinnt, wer das Sagen hat: der Verstand. *Cogito, ergo sum.* »Ich denke, also bin ich« ist eine Aussage, welche die Menschheit revolutioniert hat. Die Aufklärung hat bewiesen, dass wir mit Wissen, Schulung, Erkenntnis, mit unserem Denken und Verstand, einiges in der Welt bewegen können. Gleichzeitig haben wir auch vieles verloren: unsere Intuition, das Wissen, dass wir uns auf unseren Körper, unser Bauchgefühl, verlassen können.

Das müssen wir uns oft mühsam zurückholen. Nicht umsonst leben wir gerade in einer Zeit, in der Yoga, Meditation, Achtsamkeit in geworden sind. Es ist unser Bemühen, nebst dem Verstand auch unser Körperwissen wieder zur Verfügung zu haben.

Das Gartenhäuschen

Ich hatte eine Kundin, die konnte sich nicht entscheiden, ob sie die neue Stelle als Kindergärtnerin annehmen sollte oder nicht. Da bei dem neuen Kindergarten gerade umgebaut wurde, müsste sie einige ihrer Unterrichtsutensilien vorübergehend bei sich zu Hause unterbringen. Das betrachtete sie eindeutig als Nachteil. Sie erzählte mir bei einem unserer Coachings, das sie dieses Problem mit dem Kauf eines Gartenhäuschens lösen könnte. Dann würde sie die Gartenmöbel aus der Garage dorthin verfrachten und die Spielsachen für den Kindergarten trocken und sicher in der Garage unterbringen. Sie habe nun aber nochmals ein Gespräch mit beiden Vorgesetzten, um die genaue Sachlage abzuklären.

Beim nächsten Coaching berichtete sie über diese zwei Gespräche und wollte mit mir eine Pro-und-Contra-Liste erstellen. Beiläufig erwähnte sie im Nebensatz, dass sie sich ein Gartenhäuschen bestellt habe. Es sei gerade eines im Angebot gewesen. Was ich nun wusste, sie aber noch nicht: Sie hatte sich bereits entschieden. Nein, ihr Körper hatte sich entschieden. Dieser Körper, der beim Online-Shopping die Entertaste für die Bestellung des Häuschens drückte. Dem Unbewussten war klar, was zu tun war. Doch der Verstand hinkte hinterher und versuchte noch, mit dem komplizierten Neocortex-Rechner die Auswirkungen hochzurechnen.

Seit diesem Erlebnis habe ich mir diesen superschnellen, klaren Entscheidungsträger *Körper* zu Herzen genommen. Wie gesagt, ich bin oft sehr wankelmütig. Da gehe ich mit einer Freundin zum Abendessen und weiß noch nicht, ob ich nachher noch tanzen gehen werde. Die Kleider dafür habe ich sicherheitshalber mit ins Restaurant genommen. Früher habe ich versucht, mit meinem Verstand eine Lösung zu finden. Nach dem Gartenhäuschenkauf meiner Klientin mache ich es anders: Ich gehe aufs Klo und schaue, ob meine Hand nach dem Lippenstift greift. Tut sie dies, will mein Körper, mein Unbewusstes noch tanzen gehen. Lässt sie es sein, möchte mein Körper nach Hause ins Bett.

Verzeih an dieser Stelle, dass ich recht undifferenziert Körper und Unbewusstes in einen Topf werfe. Für gewisse Erklärungen ist das einfacher. Natürlich haben die beiden miteinander zu tun, und wir haben im Körper deutlich mehr unbewusstes Wissen als bewusstes. Wenn du genauer und differenzierter darüber Bescheid wissen möchtest, dann sind alle Bücher zu Embodiment, vor allem von Maja Storch, der Hammer.[23]

Übung: Wie du dich selbst überlisten kannst

Du kannst diese Methode nachstellen und sie selbst ausprobieren. Sie heißt: »Verdeckt stellen.« Schreibe alle Optionen deiner Entscheidungsmöglichkeiten auf Zettel auf. Wähle bitte gleich große Zettel in dickem Papier. Dann drehst du die Zettel um und mischt diese, sodass du nicht weißt, was wo draufsteht. So verteilst du die Zettel in deinem Zimmer auf dem Boden.

Stell dich nun auf jeden der Zettel und schau, was passiert. *Wie ist dein Stand?* Fest, schwankend, links- oder rechtslastig, kippst du? Wie fühlen sich deine *Beine* an? Schwer, leicht, zittrig, ruhig? Wie geht es deinem *Bauch?* Ist er ruhig, flattrig, rumplig, nervös? Was machen deine *Schultern?* Fühlen sie sich schwer oder leicht, gebeugt, gestrafft an, zieht etwas nach vorn oder hinten? Auf welchem Zettel kommt ein *Lächeln* auf dein Gesicht? Wo wird es *düster* in deinem Herzen? Taucht ein inneres *Bild* auf?

Du denkst bestimmt, das sei reiner Quatsch und funktioniere nicht. Du wirst dich irren! Wir rekonstruieren dein System mit deiner Fragestellung, wir schalten den Verstand aus (der weiß nicht, was auf den Zetteln steht) und befragen deinen Körper. Das Wissen über deine Zettel ist energetisch trotzdem spürbar (die wissenschaftlichen Erklärungen dazu finden sich in vielen Büchern, unter anderem auch bei Judy Wilkins-Smith[24]).

Probiere es aus.

Im zweiten Schritt überprüfst du nochmals das Ergebnis *zusammen mit deinem Verstand.* Du drehst die Zettel um und stellst dich mit dem Wissen, was darauf steht, nochmals drauf. In neunzig Prozent der Fälle sind die Körperreaktionen exakt die gleichen wie vorher.

Der Banker Meier stellte sich auch auf die Zettel. Die Master-of-Business-and-Administration-Weiterbildung erzeugte schweren Druck auf seinen Schultern. Die Stelle als Direktor der Bank ließ ihn vom Zettel kippen. Die Tauchlehreroption zauberte ihm ein Lächeln ins Gesicht, Schmetterlinge schlugen im Bauch mit ihren Flügeln, und der Körper fühlte sich energetisiert an.
Natürlich musste nun feinsäuberlich die Konsequenz dieses Richtungswechsels im Coaching besprochen werden. Heraus kam, dass er sich für drei Wochen Intensivtauchkurs auf den Malediven anstatt für die Weiterbildung anmeldete. Dass er einen Fünfjahresplan erstellen wollte, wie er den Transfer zum Tauchlehrer seiner Familie und seinen Finanzen gegenüber verantworten konnte. Der Direktorposten war gestorben, aber sein Körper hatte deutlich mehr Spannkraft beim Verlassen der Coachingpraxis.
Sei bitte achtsam, wenn du dir Beziehungs-Fragestellungen vornimmst wie: Ich bleibe, ich gehe, ich habe eine Affäre etc. Auch wenn du vielleicht ganz klar spürst, in welche Richtung es geht, verdienen große Richtungswechsel ein genaues Hinsehen, sorgfältiges Überprüfen und eine schrittweise Planung. Am besten begleitet von einer Fachperson.

Fragen an dich

- Welche derartigen Erlebnisse hattest du schon, als dein Körper die Entscheidung schon lange kannte?
- Wie gedenkst du in Zukunft, dein Körperwissen einzubeziehen?

- Wo im Körper merkst du jeweils deine somatischen Marker?

Affirmation

Dein Körper ist ein unheimlich weises Organ. Frag es, benutz es, bau es in deine Entscheidungsfindung ein.

TOXISCHE GLAUBENSSÄTZE ENTDECKEN UND AKTUALISIEREN

Meine Mutter, Julia Onken, meinte einmal: »Du musst dir nicht alles gefallen lassen – auch nicht von dir selbst. Oft hocken ja diese verdammten Glaubenssätze im Hirn und veranlassen, dass man sich selbst Unzumutbares zumutet.« Wenn wir also zu sehr auf unseren Verstand hören, dann bekommen wir es unweigerlich mit unseren Glaubenssätzen zu tun. Das sind Überzeugungen, Annahmen über die Welt, Aussagen in Befehlsform, Pseudowahrheiten, über Generationen in Familien gewachsen. Diese hatten zu einem gewissen Zeitpunkt einen wertvollen Zweck: nämlich das Überleben zu sichern. Sie haben einmal Sinn ergeben, sie waren früher hilfreich. Meist ist das *jetzt* nicht mehr der Fall, da sie den aktuellen Zustand nicht widerspiegeln. Sie sind deshalb veraltet, unpassend, hinderlich, toxisch.

Nehmen wir den Glaubenssatz »Um weiterzukommen, musst du unerkannt bleiben.« Das ist ein Satz, der damals im Zweiten Weltkrieg in einer jüdischen Familie absolut notwendig war, um das Überleben der Familie zu sichern. Wenn nun Eva, die begabte Enkelin dieser Familie, kurz davorsteht, dass ihre Bilder ausgestellt werden sollen, bekommt sie die Krise: Ein Teil in ihr möchte das nicht. Auf keinen Fall bekannt werden. Ihre Angst dahinter ist seit zwei Generationen nicht mehr aktuell. Und doch steckt sie noch in ihr. Damit ihre Begabung Erfolg bringt, braucht es dieses Sichtbarwerden. Wenn Eva diesen Glaubenssatz erkennen kann, hat sie Glück gehabt. Sie kann ihn als historisch erfassen und ihn auch wertschätzen: Ja, damals war er wichtig. Ohne ihn gäbe es sie vielleicht nicht. Aber nun darf ein neuer Satz entstehen: »Damit du erfolgreich wirst, braucht es Sichtbarkeit.« Doch wenn Eva das nicht bewusst wahrnimmt, dann wird ihr Unbewusstes zusammen mit ihrem Körper dafür sorgen, dass aus der Ausstellung nichts wird. Geschickt wird mit ständigen Kopfschmerzen die Galeristin vertröstet und schließlich so verärgert, dass sie das Vorhaben, Evas Werke auszustellen, aufgibt. Eva wird sich dann um ihre chronischen Kopfschmerzen kümmern, zum Arzt gehen und Medikamente nehmen, anstatt die inneren Saboteure, angestachelt durch den toxischen Glaubenssatz, zu erkennen und zu beruhigen.

Auch für die Liebe und für Beziehungen existieren Glaubenssätze wie »Ich bin nur wertvoll, wenn ich eine Familie gegründet habe«, oder »Ich bin nichts wert, deshalb auch nicht liebenswert«. Eine meiner Kundinnen war fest davon überzeugt, dass ein Fluch in ihrer Familie wüte: Alle Ehen gingen in die Brüche, und die Frauen gingen stets leer aus. Deshalb war es ein großes Wagnis für sie, trotzdem eine Familie zu gründen. Zu dem ersten Glaubenssatz »Die Müller-Frauen scheitern in Ehen und sind die Verliererinnen« kam also der neue Auftrag hinzu: »Wenn du das Wagnis der Ehe eingehst, dann musst du dafür sorgen, dass es auch klappt.« Kein Wunder also, als die Frau fix und fertig vor mir saß, verheiratet mit einem Alkoholiker, und immer noch durchhielt.

Übung: Glaubenssätze aktualisieren

Sammle zuerst einmal alle Glaubenssätze bezüglich Liebe und Beziehung, die dir so einfallen. Das sind Sätze, die zu Hause immer wieder mal gesagt wurden oder die wie unausgesprochene Regeln und Aufforderungen im Raum standen.
Überlege dir zuerst anhand deiner Familiengeschichte, wie so ein Satz zustande kommen konnte. Wo hat er mal gute Dienste getan? Was war hilfreich daran?
Überlege dir nun, was von der Aussage für dich noch stimmt (manchmal kann man ein Teilelement stehen lassen) und wie der Satz nun heißen könnte.
Schreib ihn hier auf:

____

Am besten machst du ein kleines Ritual. Du bedankst dich zuerst bei deinen Ahnen, dass sie mit dem Glaubenssatz dabei geholfen haben, dass du da bist, dass du so weit gekommen bist. Dann erklärst du ihnen die Gründe, warum sich das nun verändert hat, und präsentierst ihnen den neuen Satz.

»Reiß dich am Riemen« – ein Beispiel

Als ich ein Kind war, hieß es oft: »Reiß dich am Riemen.« Das wurde dann ausgesprochen, wenn ich meinen Eltern mit Quengeln und anderen Wünschen auf den Geist ging. Vor allem dann, wenn ich aufgeben wollte, wenn etwas zu mühsam wurde. Ich bin meinen Eltern zu großem Dank verpflichtet. Dank dieses Satzes habe ich ungeheure Leistungen vollbracht. Müdigkeit, Erschöpfung und Unlustanfälle konnte ich damit im Keim ersticken. Auch in schwierigen Beziehungskonstellationen gab ich dank dieses Satzes nicht vorschnell auf.

Als ich mit 33 Jahren mein erstes Burn-out hatte, merkte ich, dass dieser Satz auch seine toxischen Seiten hat. Ich spürte mich nicht mehr, wenn ich eine Pause gebraucht hätte. Ich machte weiter, obwohl mein ganzes System mit heraushängender Zunge keuchte und hechelte. In unzumutbaren Beziehungskonstellationen hielt ich durch, obwohl mein Herz dabei schmerzte. Ich änderte den Satz ab in: »Wenn es drauf ankommt, dann reiße ich mich am Riemen. Sonst spüre ich meine Grenzen und handle danach.«[25]

Du hast die Wahl!

Du kannst dich von Glaubenssätzen leiten und manchmal auch tyrannisieren lassen. Du kannst sie dir genauer ansehen und sie aktualisieren. Du kannst dir auch Glaubenssätze zusammenstellen, die dich in schwierigen Situationen unterstützen.

Fragen an dich

- Welche Glaubenssätze triffst du immer wieder in dir an?
- Wie aktuell sind diese noch?
- Falls nicht mehr zeitgemäß, wie müssten sie nun heißen, damit sie dir Wind unter die Flügel hauchen?

Affirmation

Nimm nicht jeden Glaubenssatz als gegeben hin. Untersuche ihn auf seine Aktualität und unterstützende Wirkung hin. Glaub nur an Dinge, die dir weiterhelfen!

SCHULDGEFÜHLE ERKENNEN UND ANGEHEN

Als sich meine Eltern trennten, habe ich zum ersten Mal in meinem Leben das Elixier »Schuldgefühle« kennengelernt. Leider kündigen sich Getränk und dessen Wirkung nicht an, wie ein Knallen eines Pfropfens beim Öffnen, sondern es ist eher so, als wenn dir im Vorbeigehen jemand eine kleine feine Spritze gibt, durch die eine gelbe Flüssigkeit in deine Blutbahnen strömt und langsam den ganzen Kreislauf einfärbt. Ohne es groß zu merken, trägst du den ganzen Komplex »Schuldgefühle« nun bei dir – Tag und Nacht. Du merkst es anhand von Gedanken wie »Wenn ich nicht gewesen wäre, dann ...«, »Wenn ich das besser gemacht hätte, dann ...«, anhand von Zweifeln an dir und deinen Taten, anhand von Emotionen (kurzes Aufflackern von Trauer, Tränen, Unbehagen, Sich-Winden, Wegrennen- oder Kämpfen-Wollen, Aggression oder Wut).

Das Ganze ergibt bei nüchterner Betrachtung keinen Sinn. Wenn du Ereignisse und Handlungen unter das Mikroskop legen würdest, dann hätte alles seine Ordnung. Wenn wir uns fragen würden, wer wirklich die Verantwortung für Worte, Handlungen und Taten trägt, dann wären wir frei von jeder Schuld und jeglichen Schuldgefühlen. Denn damals haben sich zwei erwachsene Personen entschieden, nicht mehr ein Paar zu sein. Meine elfjährige Wenigkeit kann unmöglich dazu beigetragen haben, dass die zwei das so wollten. Denn ich war zwar voller Energie, aber keinesfalls aufsässig oder ein Liebestöter. Es grenzt sogar etwas an Größenwahn anzunehmen, dass ich schuld hätte sein können an so einem großen Entschluss.

Leider hatte ich damals keinen Zugang zu einer solch vernünftigen Überlegung und Betrachtung. Da wir das alles unbewusst annehmen, verpassen wir die Chance einer Analyse. Ohne ein bewusstes Hinterfragen und Analysieren passiert das Spritzen von Schuldgefühlen ganz von allein. Noch schlimmer, es können Blutgerinnsel entstehen, krebsgeschwürartige Ballungen von Schuldgefühlen aus einer oder vielen Spritzen kumulieren sich. Das ist nun auch von außen sichtbar. Menschen sind definitiv nicht mehr in ihrer Kraft. Sie haben keinen geraden Gang mehr, sind fahrig, unklar in Wort und Tat, stets mit Hadern und Zweifeln beschäftigt und tun sich schwer mit Entscheidungen. Wenn es um sie selbst geht, dann wird es ganz schlimm. Sie trauen sich nichts zu, leiden unter fehlendem Selbstwertgefühl, haben meist null Selbstfürsorge, weil alles, was mit dem Wort »Selbst« beginnt, von Schuldgefühlen angegriffen und meist auch gleich umgebracht wird. Noch schlimmer, Schuldgefühle sind vererbbar und leben manchmal jahrelang in Familien- oder Firmensystemen.

Nadelstich mit Folgen

Damals dachte ich, dass ich schuld sei, dass sich meine Eltern trennten. Bzw. leider *dachte* ich das nicht, ich *fühlte* es nur. Denn wenn ich es bewusst wahrgenommen hätte, hätte ich vielleicht eine Chance gehabt, es zu verbalisieren, es zu analysieren, es anzuschauen, es loszuwerden. Weil ich es aber nur fühlte, hat sich diese Schuld in meine Blutbahnen eingenistet und floss rund dreißig Jahre lang in mir. Aus dieser Schuld heraus entstanden viele Taten, wie z. B. die private und berufliche Unterstützung meiner Mutter, ein Verharren in der eigenen Ehe aus Angst vor erneuter Schuldanhäufung, ein Versuch des Abbaus der Schuld durch übermäßige Großzügigkeit im beruflichen Sektor. Man sieht, der kleine Nadelstich hatte große Folgen.

Wie wunderbar wohlig es sich anfühlt, wenn jemand sagt: Ich trage die Verantwortung für mich und mein Handeln! Damals haben meine Eltern das nicht gemacht oder gesagt. Vielleicht hätte es geholfen. Denn das Gemeine an Schuldgefühlen ist, dass es noch eine zusätzliche Möglichkeit gibt, sich selbst langsam mit ihnen zu vergiften. Es ist nicht so, dass jemand von extern dir die Nadel setzt. Du stichst sie dir selbst.

Wir alle haben unsere Vorstellungen davon, wie wir, die anderen und die Welt zu sein haben. Gesellschaftliche Normen, kirchliche Vorgaben, das Elternhaus, Erziehung, Geschichte, eigene Werte, das alles spielt mit bei dieser Vergiftung.

Die Jetzt-Ideal-Diskrepanz[26]

Diese Welt ist unsere *Ideal*-Welt. Da wollen wir hin. Meist sind wir da sehr ambitioniert. In dieser Welt sind wir klug, gerecht, liebend, großzügig, geduldig, intelligent, erfolgreich und *fehlerfrei*. Doch dann müssen wir erfahren, dass wir eben einfach Menschen sind. Wir sagen etwas Blödes, tun etwas Unvernünftiges, treffen eine Entscheidung, die anders ausgeht als geplant. Und schon sind wir abgewichen vom Ideal: Wir befinden uns im *Jetzt*. In der realen Welt. Mit uns mittendrin, mit allen Unvollkommenheiten, unlogischen Emotionen, triebgesteuerten Handlungen und unglücklichen Folgen.

Ich frage dich direkt. Was passiert mit der Differenz zwischen Ideal- und Realwelt? Wie gehst du damit um? Bist du locker und großzügig mit dir? Kann doch mal passieren. Easy. Schwamm drüber. Das nächste Mal weißt du es besser. Oder gehst du hart mit dir ins Gericht? Findest du dich idiotisch, unmoralisch, wertlos und nicht liebenswert? Die meisten tun genau das. Und in diesem Moment hast du dich selbst mit der

Nadel gestochen. Du hast dich selbst im Gerichtssaal für schuldig befunden, falsch gehandelt oder gedacht oder geredet oder gefühlt zu haben. Der heruntersausende Richterstab bestärkt dein Urteil: »Für schuldig befunden.«

Bitte ganz analytisch!

Wenn wir es nochmals ganz analytisch betrachten, kommt es viel häufiger vor, dass wir selbst uns für schuldig befinden, als unser Umfeld das tut. Im Prinzip kommt es eher selten vor, dass dir jemand an die Brust tippt und dich anschreit »Du bist schuld, dass ...«. Nein, meist ist es so, dass du es einfach *denkst*.

Es gibt logische Schlussfolgerungen von Schuld. Du fährst mit dem Auto über den Zebrastreifen und streifst dabei einen Fußgänger. Ja, hier bist du schuld und verantwortlich an seinem Beinbruch. Ich kündige einer Angestellten das Arbeitsverhältnis auf. Sie kann zu Hause erzählen: »Maya ist schuld an meiner Kündigung.« Das wäre eine einfache Erklärung für das Vorgehen. Aber auch eine sehr banale. Denn die Frage, wie es denn zu einer Kündigung kommt, wird dabei nicht gestellt. Ich könnte bei mir zu Hause erzählen: »Sie ist schuld, dass ich ihr kündigen musste.« Das wäre ebenso banal. Hier wäre ein mutiger Blick in Muster, Abläufe und Kommunikation sinnvoll. Auch die Frage: »Was ist mein Anteil daran, dass die Zusammenarbeit nicht glückte?«, wäre für eine Weiterentwicklung sinnvoll. Und für einen verantwortungsvollen Umgang mit einer Kündigung.

Schuldgefühle, egal, ob sie von außen via Nadelstich injiziert oder durch die Abweichung vom Idealbild selbst erzeugt werden, sind toxische Gefühle, die niemandem was bringen. Nicht dir, nicht dem andern, nicht der Welt. Schuldgefühle entstehen nicht nur in Krisen oder Streiten oder schwierigen Situationen.

Sondern eben auch in Glücksmomenten und Erfolgsfeierlichkeiten. Unbewusste Gedanken wie »Oh, ich bin so glücklich, und meine Schwester nicht, das ist nicht fair« oder »Darf ich erfolgreicher sein als meine Eltern?« sind häufig anzutreffen bei positiven Erlebnissen.

Schuldgefühle halten klein. Sie hindern uns auch daran, für etwas geradezustehen. Die Verantwortung zu übernehmen. Uns abzugrenzen. Manchmal schweißen sie uns aber zu einem Clan zusammen (*Wir alle* sind voller Schuldgefühle, du auch?), und wenn wir die Schuldgefühlswelt verlassen, verlassen wir eben auch den Clan. Schuldgefühle werfen uns aus unserer Kraft, schwächen uns, verhindern vernünftige und analytische Gedanken, haben Folgewirkungen auf Beziehungen, Entscheidungen, Selbstfürsorge und Gesundheit.

Übung: Gegengift bei Schuldgefühlen

- Erkennen: Zuerst einmal merken, dass man Schuldgefühle hat. Woran erkennst du sie bei dir? An welchen Gedanken und Emotionen und Handlungen erkennst du sie?
- Die Analyse: Wer und was ist an der aktuellen Situation wie beteiligt? Welchen Input, welche Gesetze und Normen gibt das System vor, in dem die Schuldgefühle gerade akut sind? Welche Muster zeichnen sich ab?
- Fragestellungen (einige, dies ist keine abschließende Liste):
- Wer soll welche Verantwortung übernehmen? Was ist sinnvoll?
- Für welchen Teil der Story kann und soll ich Verantwortung übernehmen?

- Gibt es durch die Übernahme der Verantwortung Folgehandlungen und Maßnahmen?
- Welche Auswirkungen hat es auf das System, wenn ich meinen Teil übernehme und die anderen Teile liegen lasse?
- Angenommen, Schuldgefühle hätten auch etwas Positives, was wäre das?
- Angenommen, ich wäre frei von Schuldgefühlen, welches Problem hätte ich dann?
- Angenommen, ich wäre frei von Schuldgefühlen, welche Personen würde ich damit brüskieren und welche Handlungen würden anstehen?

Es ist mir klar, dass alles so cool und einfach klingt und es das *überhaupt* nicht ist. Und wer das nun liest und weiß, dass man die Schuldgefühle nicht so schnell loswird, weicht schon wieder von der Idealwelt ab, und wer weiß, vielleicht kreiert nun ein solcher Text schon wieder neue Schuldgefühle. Wir sollten also noch zwei weitere Maßnahmen/Übungen angehen:

Mini-Übung: Richte dir ein Schuldgefühlkonto ein
Du erstellst ein imaginatives oder physisches Konto (Geld, Blusenknöpfe, Pralinen etc.). Jedes Mal, wenn du Schuldgefühle hast und sie bemerkst, buchst du das auf deinem Konto als »normal, so ist das Leben« ab. Falls du ein physisches Konto hast, nimmst du ein wenig davon und verwendest es, um dich zu trösten.

Mini-Übung: Selbstfürsorge im Schnellzugriff
Erstelle eine Liste mit einfachen, schnell zugänglichen Dingen, die du zücken kannst, um dich zu beruhigen und zu

versöhnen, wenn du merkst, dass du Schuldgefühle hast. Das Letzte, was wir brauchen, ist die eigene Schelte. Sondern wir sollten dann besonders lieb zu uns sein. Uns ein heißes Schaumbad gönnen, einen leichten Liebesfilm, einen langen Spaziergang, einen Saunagang, ein feines Dessert, einfach etwas, womit wir uns ganz bewusst etwas Gutes tun. Denn Schuldgefühle zu haben, ist superstreng und ungemütlich. Darum sollten wir entspannen und uns nicht noch auspeitschen und mit Selbstvorwürfen bestrafen und heruntermachen. Am besten heftest du die Liste an den Kühlschrank.

Du hast die Wahl!
Du bist ganz frei, dich deinen Schuldgefühlen hinzugeben, das Toxische in deinem Blut seine Wirkung entfalten zu lassen oder ab und ab innezuhalten, um dir den Vorgang genauer anzusehen. Du kannst wählen, wie du mit dir selbst umgehst, wenn du deine eigenen Idealvorstellungen nicht erreichst und deine hochgesteckte Latte hinunterwirfst.

Affirmation
Schuldgefühle sind Chancen, alles genauer unter die Lupe zu nehmen und einen Schritt weiterzukommen an Erkenntnis und Veränderung.

ABWEHRMECHANISMEN SCHÜTZEN UNS

Sigmund Freud (1856–1939) hat das Modell des Eisbergs entwickelt.[27] Das Bewusste ist der Teil, der über die Wasseroberfläche ragt. Der andere, viel größere Teil liegt unter Wasser, nicht sichtbar und wird Unbewusstes genannt. In diesem Teil sind Instinkte, Triebe, Wünsche, Traumata, Erfahrungen etc. abgelagert, eingefroren und werden dort aufbewahrt. Während meiner Studienzeit vor rund 35 Jahren hieß es, ein Drittel sei sichtbar, zwei Drittel lägen unter der Wasseroberfläche. Heute weiß man, unser Bewusstsein umfasst rund ca. zwei Prozent, der Rest liegt unter Wasser.

In dem Diagramm hat Freud auch von dem Vorbewussten gesprochen, welches z. B. Ängste und Träume umfasst. Was jedoch eine wirklich tolle Sache für uns ist, sind die Abwehrmechanismen! Du kannst dir diese vorstellen wie die Schweizer Garde vor dem Vatikan. Da stehen sie, einer neben dem anderen, unbeweglich, und schützen den Papst davor, dass unerwünschte Gäste in die heiligen Mauern eindringen. So eine Leibgarde hast auch du. Stell dir vor, alle deine Traumata würden erwachen und nun über deine heile Welt hereinbrechen. Räuber, Geister, Zombies würden deinen fein säuberlich gemähten Rasen niedertrampeln, würden durch die Fenster ins Wohnzimmer stürzen und rumschreien. Das willst du nicht. Oder? Die Garde schützt dich vor so einem Überfall. Sie behütet dein Leben, wo alles seine Ordnung hat. Ab und zu ist es jedoch so, dass etwas gesehen werden will, ans Licht kommen möchte, von unten nach oben auftauchen möchte. Dann beschließt einer der Garderisten, einen Schritt zur Seite zu machen, damit genau dieser eine Gast, und kein zweiter, geordnet in dein Leben tritt. Er kann sich noch die Schuhe abtreten und die Haupttüre benutzen.

Projektion ist ein Abwehrmechanismus

Diese Leibgarde besteht aus verschiedenen Abwehrmechanismen, die ihren Job erfüllen, dein Unbewusstes im Zaum zu halten. Nur so viel durchzulassen, wie du auch bewältigen, verdauen und verarbeiten kannst. Sie portionieren dir sozusagen das zusätzliche Wissen um anderes.

Einer dieser Leibgardisten nennt sich *Projektion*. Nehmen wir Judith aus Teil 1 und 2. Sie ist eher bewahrend, eher introvertiert, eher schüchtern, sie lässt viel mit sich machen, erträgt eine unzufriedenstellende Ehe und begnügt sich mit ihren Toy-Pudeln. In ihrem Unbewussten sind jedoch Wünsche und Triebe eingelagert. Sie würde sich einen Ausbruch aus der Situation wünschen, sie möchte heißen Sex, sie will gesehen und geliebt werden, geachtet und wertgeschätzt. Sie wäre auch gern mal eine Femme fatale, eine Männerverbraucherin. Sie würde sich gern stärker wehren und für sich einstehen, wenn ihre Söhne zu Besuch kommen. Doch das alles hat sie verdrängt (das ist übrigens auch ein Gardist: Verdrängung) und kompensiert (auch ein Gardist: Kompensation), und zwar einerseits mit der Zugehörigkeit zu ihrer Familie und andererseits mit der Zuneigung zu ihren Hunden.

Gudrun, ihre Freundin, lebt einiges, was Judith nicht kann: Sie grenzt sich ab, nimmt sich, was sie braucht, und zuckt nicht mit der Wimper, wenn sie anderen den Tarif durchgibt. So gesehen, bewundert Judith diesen Zug, sie hätte ihn gerne auch. Zeta, die Salsatänzerin, mit der sie jeden Morgen die Hunde ausführt, zieht sich figurbetont und sehr sexy an. Sogar beim Gassigehen sind ihre großen Brüste unter dem engen T-Shirt unsittlich sichtbar. Jeden Tag beim anschließenden Frühstück mit Horst regt sich Judith darüber auf: Wie kann sich Zeta nur so unanständig anziehen? Dann hat sie auch noch dem Briefträger zugezwinkert. Nein, so was. Ungeheuerlich! Auch bei Gudrun kann sich Judith über Zeta auslassen. Sie bekämpft mit ihrem Geschimpfe ihren eigenen Wunsch nach Sexyness, nach der Femme fatale in ihr. Genauso funktioniert eine Projektion: Wir bekämpfen oder bewundern das beim andern, was wir selbst in uns tragen. Wir bemerken es bei uns selbst noch nicht einmal, obwohl es für alle anderen offensichtlich ist.

Erklärung für toxisch-kritische Fragen

Warum erkläre ich dir das alles? Weil bei Krisen oder nach Krisen oft die toxische Frage auftaucht: Warum habe ich das nicht vorher bemerkt? Franzi fragt sich, warum sie nicht gemerkt hat, dass ihr Mann fremdgeht. Leonie fragt sich, warum sie jahrelang auf Gutmeister gehofft hat, obwohl es doch klar und deutlich war, dass er seine Frau niemals verlassen würde. Amanda fragt sich, wie sie auf Michael hat hereinfallen können, der am Anfang vielversprechend als Geliebter war und sie dann später erpresste. Gudrun fragt sich, warum sie nicht eher begriffen hat, dass die Fernbeziehung mit Bastien nichts bringt. Judith fragt sich, wie sie überhaupt je Horst hat heiraten können.

Diese Fragen haben leider nur einen einzigen Zweck: dich selbst fertigzumachen. *Jetzt* siehst du auf einmal Dinge, die du vorher nicht sehen konntest. Warst du blind? Taub? Dumm? Nein, deine Abwehrmechanismen haben dafür gesorgt, dass du zu dem damaligen Zeitpunkt funktionieren konntest. *Jetzt* ist es wohl an der Zeit, etwas anzusehen, aufzulösen, zu begreifen, zu erkennen, zu verändern.

Warum war ich taub und blind?

Eine Frau kam in ein Coaching genau mit dieser Frage: »Wie konnte ich gefühlt 10 000 Franken fürs Leadership Coaching ausgeben, um meine Werbeagentur erfolgreich zu führen, und nicht einmal habe ich mit einem dieser Coachs über meine unglückliche Ehe gesprochen?« Sie machte sich starke Vorwürfe, dass sie nicht eher in diese Beziehung investiert hatte. Vielleicht hätte sie diese vor dem Untergang retten können? Es stellte sich dann heraus, dass sie einen sehr hohen Wert in sich trug: die Familie zu ehren, die Kinder zu schützen, diesen etwas Intaktes zu offerieren. Damit sie diesen Wert leben konnte, musste sie von der totgelaufenen Beziehung mit ihrem Ehemann wegsehen. Sie wollte ihren Kindern eine gute Kindheit und ein schönes Aufwachsen in Sicherheit gewähren. Selbst ein Scheidungskind, wollte sie es besser machen als ihre Eltern damals. Als das letzte ihrer drei Kinder die Ausbildung abgeschlossen hatte, wurde ihr auf einmal schlagartig klar, dass sie sehr unglücklich war: dass sie sich vor ihrem Ehemann ekelte, dass sie sein gleichgültiges und oft auch herablassendes Verhalten nicht mehr ertragen konnte. Doch wie hatte sie das so lange nicht merken können?

Erst nach einigen Gesprächen erkannte diese Frau, dass ihre gut funktionierende Leibgarde sie davor geschützt hatte, ihren größten Wunsch nach einer intakten Familie in den Abfall zu werfen. Sie konnte ihren drei Kindern bis zum Ausbildungsende und ins Erwachsenenalter hinein eine intakte Familie offerieren. Als dies nicht mehr gebraucht wurde, das Nest verlassen dalag, traten die Gardisten Verdrängen, Kompensation, Projektion, Verschiebung, Verleugnung der Realität etc. zur Seite und ließen den Wunsch nach einem anderen Lebensentwurf durch.

Du kannst dir und deinem Unbewussten trauen! Das, was dich jetzt beschäftigt, hat offenbar die richtige Phase in deinem

Leben erwischt, um angesehen zu werden. Wenn du dieses Buch liest, ist es offenbar an der Zeit, sich Gedanken zu machen über den unzufriedenen Beziehungsstatus. Es heißt noch lange nicht, dass du bereit bist, zu handeln. Dein Körper wird dir das entsprechende Zeichen dafür senden, glaub mir.

Fragen an dich

- Welche Gäste aus dem Unbewusstsein klopfen zurzeit bei dir an?
- Über wen rege ich mich in der letzten Zeit auf? Was hat die Person, was ich auch gerne hätte (Projektion)?
- Worum möchtest du dich in der nächsten Zeit kümmern?

Affirmation

Du bist ein wunderbar gebautes Wesen. Deine Abwehrmechanismen schützen dich vor ungebetenen Gästen und lassen genau das zu, was an der Zeit ist.

SCHATTENSEITEN DES NEUEN GLÜCKS

Angenommen, du hast es geschafft. Du hast die Zügel in die Hände genommen und dein Liebesleben neu gestaltet. Dein Beziehungsstatus leuchtet grün auf: zufrieden. Vielleicht sogar glücklich. Ja, auch total verliebt ist möglich. Ich gratuliere dir. Du kannst deine Beziehung in vollen Zügen (wieder) genießen. Aber was passiert nun? Deine Zufriedenheit hat Auswirkungen! Und nicht immer die schönsten, darauf möchte ich dich an dieser Stelle vorbereiten. Gerade vom innersten Kreis deiner Freunde kann Gegenwind aufkommen. Deine beste Freundin verbreitet leicht fröstelnde Temperaturen, wenn du von deiner neuen oder wiedergewonnenen Liebe erzählst. Die Miene deines Arbeitskollegen wird leicht säuerlich, wenn du ihm erzählst, dass du dich mit deinem Partner nach einer Partnertherapie gefunden hast.

Illoyalität wird bestraft

Was passiert hier? Du verlässt die Gruppe der Jammerer, der Unzufriedenen, der Unglücklichen, der Trostlosen. Du bist illoyal ihnen gegenüber. Denn du hast etwas verändert. Sie nicht. Die Freundin liegt jede Nacht unzufrieden neben Luigi. Der Kollege hatte Hoffnungen. Deshalb war er so freundlich und hilfsbereit. Du durftest dein Zweitauto gratis bei ihm in der Garage überwintern. Nun bist du weg vom Fenster. Und auf einmal flattert eine Rechnung von sechs Monaten Garagenmiete in deinen Briefkasten. Es wird abgerechnet mit dir. Alle Investitionen in dich in Form von Hoffnungen, Erwartungen und Fantasien werden nun zusammengezählt, und die Rückzahlung wird eingefordert. Die Freundin fühlt sich von dir verraten und verlassen. Das musst du büßen.

Varianten von Auswirkungen

Wenn man seinen Beziehungsstatus überarbeitet und ihn erfüllend gestaltet, kann es passieren, dass die anderen da nicht mitkommen und es dir nicht gönnen. Voller Neid und Eifersucht wenden sie sich von dir ab. Eigentlich ist das nichts Persönliches. Es zeigt lediglich auf, dass sie selbst noch nicht bemerkt haben, dass sie die Wahl haben. Dass es auch ihnen vergönnt ist, einen zufriedenen Beziehungsstatus herzustellen. Vielleicht schenkst du ihnen beim nächsten Wiedersehen mein Buch?

Es gibt auch diejenigen, die deine Geschichte genaustens hören wollen. Damit sie von dir lernen und profitieren können. Damit sie sich eine Scheibe von deinem Glück abschneiden können. Sie wollen sich durch dich Mut machen, sie wollen sich Tipps und Tricks holen, du sollst ihr Rad in Schwung bringen, weil sie es selbst noch nicht geschafft haben. Und dann gibt es auch diejenigen, die sich einfach für dich freuen. Aus ganzem Herzen. Mit jeder Faser. Dein Glück färbt auf sie ab. Sie jubeln und feiern mit dir. Wenn du selbst nun höher schwingst, auf einem anderen Energieniveau von Zufriedenheit und Wohlbefinden unterwegs bist, wirst du auch auf einmal andere Menschen kennenlernen. Auch sie ausgeglichen und erfüllt. Ein neuer Freundeskreis wird sich um dich aufbauen, der alte dünnt sich aus.

Du gönnst dir endlich drei Wochen Ferien im Süden. Davon träumst du schon lange. Aber dein bewahrender Partner war immer dagegen. Das war ihm viel zu teuer und brachte im Verhältnis zur investierten Zeit zu wenig an Gewinn für die Partnerschaft oder die Familie. Deshalb konntest du dich nie durchsetzen.

Nun buchst du nach der Trennung von ihm genau diese Traumferien. Deine guten Freunde freuen sich für dich. »Super, genieß die Zeit.« Deine eifersüchtigen Freunde fragen dich: »Hast du eine Midlife-Crisis? Seit wann gibst du so viel Geld aus?« Sie halten fest an deinem Verhalten im alten Muster. Sie wollen dich auch wieder dort haben. Darum können sie nicht nachvollziehen, dass du nicht von einer anderen Person einer Gehirnwäsche unterzogen wurdest, sondern dass dieser

Wunsch jahrelang in deinem Inneren geschlummert hat. Plötzlich merkst du also, auf wen du wirklich zählen kannst, in guten wie in schlechten Zeiten. Auch diese Erfahrung ist Gold wert.

Fragen an dich

- Bei wem musst du dich wohl warm anziehen, wenn du den Beziehungsstatus auf zufrieden umstellst?
- Wie kannst du dich gegen Neid und Eifersucht schützen?
- Wer will dich im alten Muster von früher behalten?
- Welche Menschen möchtest du von nun an um dich haben?

Affirmation

Dein aufgeräumter Beziehungsstatus wird zeigen, auf wen du dich wirklich verlassen kannst. Nimm es nicht persönlich, wenn du nicht bei allen auf pure Freude über dein Glück stößt.

Nachwort und Danksagung

Es gäbe wirklich noch viel zu erzählen und auszuführen. Lass uns hier einen Punkt machen. In meiner Online-Vortragsreihe »Leckerbissen für ein gutes Leben« (www.onkenacademy.ch/persoenlichkeitsbildung/Leckerbissen-fuer-ein-gutes-Leben.php) können wir uns über vieles mehr persönlich unterhalten.

Ich danke:

Den **tollen Frauen des Verlages Kösel**, die mich aufgespürt haben für dieses Buch und mit denen der Fokus auf den Beziehungsstatus entstanden ist. Es war von Anfang bis zum Schluss eine tolle Begleitung. Danke.

Meinem Partner Robin, der sich all diese Texte beim Nachmittagskaffee oder vor dem Schlafengehen anhören wollte und der mir viele neue Impulse gab.

Meiner Mutter Julia, die mir den Mut gab, ein solches Projekt gelassen anzugehen und die mich stets inspirierte, weiterzudenken.

Meiner Operation-Managerin Martina, die mich immer wieder daran erinnerte, dass ich nebst Coaching auch gut schreiben könne und es unbedingt wieder tun solle. Danke, du hast mir fürs Schreiben den Rücken freigehalten!

All meinen tollen Freunden und Freundinnen, die schon seit Jahren mit mir über diese Themen diskutieren und meinen Horizont immer wieder neu erweitern: Danke Ingrid, Eve, Sandra, Alberto, Denise, Evi, Antonella, Petra und vielen mehr.

Meiner Schwester Barbara für den ganzen emotionalen Support, den es bei einem solchen Projekt braucht.

Anhang

LITERATURVERZEICHNIS

Baker, George / Carole Boulbès / Masha Chlenova / Briony Fer / Gordon Hughes / David Joselit / Jean-Jacques Lebel / Bernard Mercadé: *Francis Picabia. Unser Kopf ist rund, damit das Denken die Richtung wechseln kann*, Göttingen 2016

Berndt, Christina: *Resilienz. Das Geheimnis der psychischen Widerstandskraft. Was uns stark macht gegen Stress, Depressionen und Burn-out*, München 2015

Betz, Robert: »Das schöne Herz« in: *Robert Betz Transformation*. https://robert-betz.com/mediathek/inspirationen/das-schoene-herz/ [Zugriff 2. Januar 2024]

Bock, Petra: *Mindfuck. Warum wir uns selbst sabotieren und was wir dagegen tun können*, München 2011.

Garry Marshall: *Die Braut, die sich nicht traut*, Spielfilm 1999

Germer, Christopher K.: *Der achtsame Weg zur Selbstliebe: Wie man sich von destruktiven Gedanken und Gefühlen befreit*, Freiburg 2010

Hüther, Gerald: *Die Macht der inneren Bilder. Wie Visionen das Gehirn, den Menschen und die Welt verändern*, Göttingen 2014

Kalisch, Raffael: *Der resiliente Mensch. Wie wir Krisen erleben und bewältigen. Neueste Erkenntnisse aus Hirnforschung und Psychologie*, Berlin 2017

Kast, Verena: *Trauern. Phasen und Chancen des psychischen Prozesses*, Freiburg 2018

Morand, Georges: *Mach Dünger aus deinem Mist! Wie man erfolgreich scheitert und Tiefschläge überwindet*, Moers 2016

Nitzschke, Bernd: *Die Psychoanalyse Sigmund Freuds. Konzepte und Begriffe*, Berlin 2010

Onken, Julia: *Vatermänner. Ein Bericht über die Vater-Tochter-Beziehung und ihren Einfluß auf die Partnerschaft*, München 2000

Riemann, Fritz: *Die Grundformen der Angst*, 47. Auflage München 2022

Rosenberg, Marshall B.: *Gewaltfreie Kommunikation: Eine Sprache des Lebens*, Paderborn 2012

Satir, Virginia: *Selbstwert und Kommunikation. Familientherapie für Berater und zur Selbsthilfe*, Stuttgart 2019

Schmidt, Gunther: *Einführung in die hypnosystemische Therapie und Beratung*, Heidelberg 2020

Storch, Maja: *Das Geheimnis kluger Entscheidungen. Von somatischen Markern, Bauchgefühl und Überzeugungskraft*, München 2005

dies.: *Embodiment: die Wechselwirkung von Körper und Psyche verstehen und nutzen*, Mannheim 2010

dies.: *Machen Sie doch, was Sie wollen! Wie ein Strudelwurm den Weg zu Zufriedenheit und Freiheit zeigt*, Göttingen 2016

Storch, Maja / Wolfgang Tschacher: *Embodied Communication. Kommunikation beginnt im Körper, nicht im Kopf*, Göttingen 2015

Tönnesmann, Jens: »Zeitdruck im Job: 20 000 Blitzentscheidungen pro Tag« in: *Wirtschaftswoche* vom 7. Juli 2008

Wilkins-Smith, Judy: *Vererbte Gefühle: wie alte Familienmuster unser Leben beeinflussen und wir uns davon befreien*, München 2023

Willemse, Joop / Falko von Ameln: *Theorie und Praxis des systemischen Ansatzes: Die Systemtheorie Watzlawicks und Luhmanns verständlich erklärt*, Berlin 2018

ANMERKUNGEN

1 Wer mehr dazu wissen möchte, findet eine ausführliche Erklärung in Joop Willemse / Falko von Ameln: *Theorie und Praxis des systemischen Ansatzes. Die Systemtheorie Watzlawicks und Luhmanns verständlich erklärt*, Berlin 2018

2 Fritz Riemann: *Die Grundformen der Angst*, 47. Auflage München 2022

3 Jens Tönnesmann, »Zeitdruck im Job: 20 000 Blitzentscheidungen pro Tag«, *Wirtschaftswoche* vom 7. Juli 2008

4 Fritz Riemann: *Die Grundformen der Angst*, 47. Auflage München 2022

5 George Baker u. a.: Francis Picabia. *Unser Kopf ist rund, damit das Denken die Richtung wechseln kann*, Berlin 2016

6 Judy Wilkins-Smith: *Vererbte Gefühle. Wie alte Familienmuster unser Leben beeinflussen und wir uns davon befreien*, München 2023, S. 65. ff

7 Judy Wilkins-Smith: *Vererbte Gefühle. Wie alte Familienmuster unser Leben beeinflussen und wir uns davon befreien*, München 2023, S. 66

8 Ich passe hier ein Konzept von Verena Kast auf Franzis Situation an. Dazu weiterlesen können Sie in Verena Kast: *Trauern. Phasen und Chancen des psychischen Prozesses*, Freiburg 2018

9 Gerald Hüther: *Die Macht der inneren Bilder. Wie Visionen das Gehirn, den Menschen und die Welt verändern*, Göttingen 2014

10 Siehe Judy Wilkins-Smith: *Vererbte Gefühle. Wie alte Familienmuster unser Leben beeinflussen und wir uns davon befreien*, München 2023, S. 24

11 Virginia Satir: *Selbstwert und Kommunikation. Familientherapie für Berater und zur Selbsthilfe*, Stuttgart 2019

12 Julia Onken: *Vatermänner. Ein Bericht über die Vater-Tochter-Beziehung und ihren Einfluß auf die Partnerschaft*, München 2000

13 Robert Betz: »Das schöne Herz« in: *Robert Betz Transformation*, https://robert-betz.com/mediathek/inspirationen/das-schoene-herz/ [Zugriff 2. Januar 2024]

14 Judy Wilkins-Smith: *Vererbte Gefühle. Wie alte Familienmuster unser Leben beeinflussen und wir uns davon befreien*, München 2023, S. 45 ff.

15 So kann ich die folgenden Bücher zum Thema Resilienz empfehlen: Raffael Kalisch: *Der resiliente Mensch. Wie wir Krisen erleben und bewältigen. Neueste Erkenntnisse aus Hirnforschung und Psychologie*, Berlin 2017; Christina Berndt: *Resilienz. Das Geheimnis der psychischen Widerstandskraft. Was uns stark macht gegen Stress, Depressionen und Burn-out*, München 2015

16 Marshall B. Rosenberg: *Gewaltfreie Kommunikation. Eine Sprache des Lebens*, Paderborn 2012

17 Wer sich hier weiter vertiefen will, lese das Buch von Georges Morand: *Mach Dünger aus deinem Mist! Wie man erfolgreich scheitert und Tiefschläge überwindet*, Moers 2016

18 www.youtube.com/watch?v=hXRg3z-LtG8

19 Gunther Schmidt: *Einführung in die hypnosystemische Therapie und Beratung*, Heidelberg 2020

20 Wer mehr zu Mindful Self-Compassion wissen will, kann auf Deutsch weiterlesen bei Christopher K. Germer: *Der achtsame Weg zur Selbstliebe. Wie man sich von destruktiven Gedanken und Gefühlen befreit*, Freiburg 2010

21 Natürlich ist der Vorgang viel komplexer, da spielen auch das limbische System und die Amygdala eine wichtige Rolle, aber lass es mich hier ganz banal erklären, denn es geht nicht um den wissenschaftlichen Exkurs und um Neurobiologie, sondern einfach darum, zu verstehen, dass du einen automatischen, super eintrainierten Überlebensinstinkt hast.

22 Maja Storch: *Machen Sie doch, was Sie wollen! Wie ein Strudelwurm den Weg zu Zufriedenheit und Freiheit zeigt*, Göttingen 2016

23 Maja Storch: *Das Geheimnis kluger Entscheidungen. Von somatischen Markern, Bauchgefühl und Überzeugungskraft*, München 2005; Maja Storch: *Embodiment. Die Wechselwirkung von Körper und Psyche verstehen und nutzen*, Mannheim 2010; Maja Storch / Wolfgang Tschacher: *Embodied Communication. Kommunikation beginnt im Körper, nicht im Kopf*, Göttingen 2015; Maja Storch: *Machen Sie doch, was Sie wollen! Wie ein Strudelwurm den Weg zu Zufriedenheit und Freiheit zeigt*, Göttingen 2016

24 Judy Wilkins-Smith: *Vererbte Gefühle. Wie alte Familienmuster unser Leben beeinflussen und wir uns davon befreien,* München 2023, S. 72 ff.

25 Ein Buch, das ich hier empfehlen kann, ist Petra Bock: *Mindfuck. Warum wir uns selbst sabotieren und was wir dagegen tun können*, München 2011

26 Dr. Gunther Schmidt nennt dies die Ist-Soll-Diskrepanz, aber in diesem Kontext passt Jetzt-Ideal-Diskrepanz besser.

27 Bernd Nitzschke: *Die Psychoanalyse Sigmund Freuds. Konzepte und Begriffe*, Berlin 2010